Pourquoi Michelin et la Macif se sont-ils associés pour cet ouvrage ?

Michelin est un fabricant de pneumatiques qui œuvre pour toujours plus de qualité dans ses produits, pour plus de sécurité sur les routes et offre, en tant qu'éditeur, une large gamme de cartes et guides routiers pour le conducteur.

Engagée depuis plus de trente ans dans la prévention des risques routiers, la Macif a souhaité compléter la partie théorique et réglementaire nécessaire à l'apprentissage de la conduite avec des informations pratiques sur les bons réflexes de conduite. Au travers d'encadrés conseils, la Macif permet à chacun d'adopter un comportement responsable et citoyen sur la route, de réduire sa prise de risque, et de bénéficier ainsi pleinement des progrès en termes de sécurité apportés aux véhicules et à leurs équipements.

C'est donc tout naturellement que ces deux professionnels se sont associés dans la rédaction de votre code de la route pour que vous preniez le volant dans une sécurité maximale.

Nous vous souhaitons bonne route !

MACIF MICHELIN

MODE D'EMPLOI

Chaque sous-thème est développé sur une double page.

SUR CHAQUE DOUBLE PAGE

- Une question pour tester ses connaissances sur le sous-thème.
- Les risques ou dangers liés aux comportements et aux règles bien mis en évidence.
- Les conseils de prévention de la Macif sur une thématique particulière.

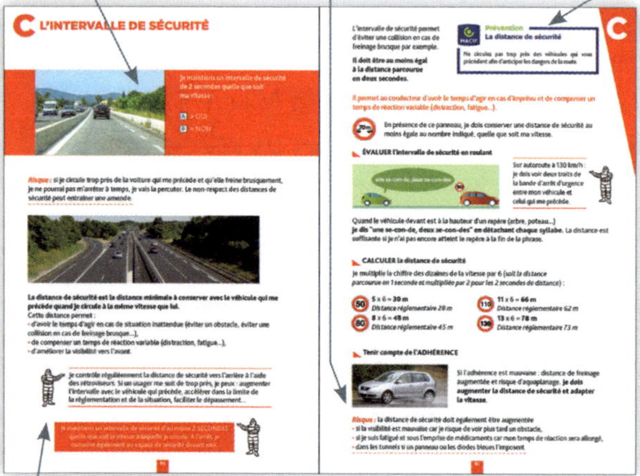

- Des encadrés de deux types :

Des recommandations à retenir.

Des points de vigilance, des pièges à éviter.

- Un pictogramme :

Pour repérer facilement les nouvelles technologies embarquées

Et, bien sûr, un texte clair, mis à jour et ponctué de photographies et d'illustrations pour une compréhension immédiate !

DANS CHAQUE CHAPITRE

- Des **essentiels illustrés** résument les points importants du thème.
- Des **auto-tests** en fin de chapitre vous permettent de contrôler vos connaissances (vous trouverez les réponses en pages 246 et 247).

LE CODE DE LA ROUTE
2024

MICHELIN

SOMMAIRE

DÉROULEMENT DE L'EXAMEN

L'ÉPREUVE THÉORIQUE GÉNÉRALE (EXAMEN DU CODE)

En 2023, 1000 nouvelles questions sont intégrées à l'examen officiel. Votre Code Michelin développe toutes les notions de ce nouvel examen.

Pour passer l'épreuve du code, il faut avoir au moins : 17 ans si vous suivez la formation traditionnelle, 15 ans si vous suivez l'apprentissage anticipé de la conduite.

Pour réussir cette épreuve, il faut obtenir au moins 35 bonnes réponses sur 40 questions.

- Lors de l'épreuve, vous répondrez aux questions sur une tablette. Les questions sont choisies aléatoirement, aucun candidat n'a donc une série identique à celle de son voisin.
- Pour répondre aux questions, n'oubliez pas qu'il y a toujours au moins une proposition juste et toujours au moins une proposition fausse. Il peut y avoir 2, 3 ou 4 propositions. Une réponse est considérée comme juste si toutes les propositions exactes ont été validées.
- Parmi les 40 questions auxquelles vous devrez répondre, 4 questions sont en vidéo. Un logo vous en informe juste avant le début de la question. Une vidéo de quelques secondes se déroule puis s'arrête. Au moment de l'arrêt sur image, la question vous est posée.

Nota : le jour de l'examen, pensez à apporter votre pièce d'identité et votre convocation.

Votre code est valable pendant 5 ans.

L'EXAMEN PRATIQUE

Pour se présenter à l'épreuve pratique :

- il faut avoir au moins 18 ans (17 ans si vous suivez l'AAC),
- il faut avoir réussi l'examen du code.

Cette épreuve dure environ 32 minutes. Elle a pour but de vérifier si vous êtes capable de conduire seul sans mettre en danger votre sécurité et celle des autres.

Pendant cette épreuve, vous devrez : **conduire en agglomération et sur route et/ou autoroute, réaliser un arrêt de précision et une manœuvre en marche arrière, répondre à une question de vérifications à l'intérieur ou à l'extérieur du véhicule, une question en lien avec la sécurité routière et une question de premiers secours.**

À l'issue de l'épreuve, le résultat est noté sur le CEPC (Certificat d'Examen du Permis de Conduire) et envoyé par courrier ou courriel. En cas de réussite, le CEPC sera votre justificatif auprès des forces de l'ordre en attendant votre permis de conduire. Ce document est valable 4 mois maximum.

En cas de réussite, vous serez en période probatoire avec 6 points sur votre permis de conduire.

DERNIÈRES RÉGLEMENTATIONS

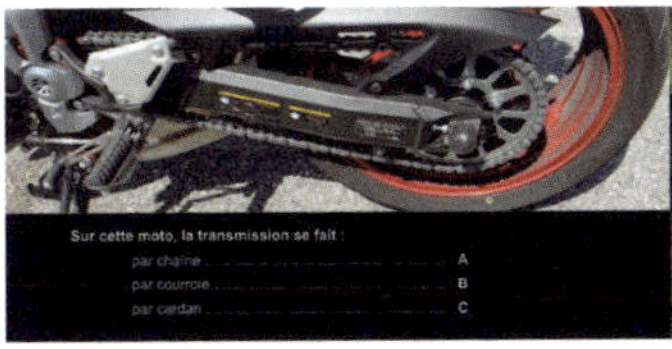

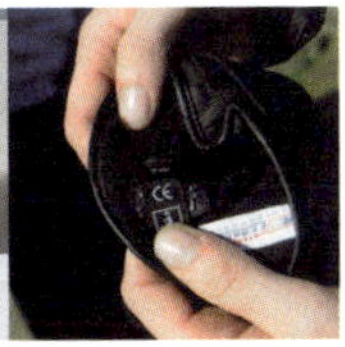

■ La loi Montagne rend obligatoire, depuis 2021, l'usage d'équipements spéciaux (pneus hiver, chaînes...) dans certaines zones de montagnes, entre le 1e novembre et le 31 mars (plus de détails en page 267).

■ Les cyclomobiles légers (sous-catégorie des cyclomoteurs) disposent d'un moteur non thermique et leur vitesse ne peut pas dépasser 25 km/h. Ces nouveaux véhicules doivent obéir aux mêmes règles que les engins de déplacement personnel motorisés (plus de détails en page 138).

■ Une nouvelle expérimentation de la circulation **inter-files** des motards est mise en place dans 21 départements. Vous trouverez dans cet ouvrage les règles de circulation et la signalisation mises en place (plus de détails en page 143).

■ Les pneus à crampons (ou cloutés) sont autorisés uniquement du 1er novembre au 31 mars (plus de détails en page 112).

■ Pour obtenir **les catégories A1 et A2 du permis**, il est nécessaire de passer une épreuve théorique moto (ETM), qui comporte 40 questions, dont 10 en vidéo. Les épreuves hors circulation et en circulation ont été modifiées, les trajectoires de sécurité sont évaluées.

■ La circulation des **engins de déplacement personnel motorisés** (trottinettes électriques et autres) est désormais réglementée. Sur ces engins, les déplacements doivent se faire sur les bandes et pistes cyclables, et à défaut sur la chaussée (plus de détails en page 242).

■ Une **formation complémentaire post permis** permet de réduire la durée de la période probatoire. Cette formation peut être suivie 6 mois à 1 an après l'obtention du permis (plus de détails en page 162).

■ Lorsque je m'approche d'un véhicule équipé de feux spéciaux ou faisant usage de ses feux de détresse et qu'il est immobilisé ou circule à faible allure sur l'accotement ou une bande d'arrêt d'urgence, **je dois ralentir et changer de voie**. Si je ne peux pas changer de voie, je m'en éloigne le plus possible en restant dans ma voie (plus de détails en page 121).

■ Sur les routes à double sens de circulation comportant deux voies, la vitesse est limitée à **80 km/h**. Toutefois, la vitesse est limitée à 90 km/h sur les sections de routes comportant au moins 2 voies affectées à un même sens de circulation (plus de détails en page 45).

DERNIÈRES RÉGLEMENTATIONS

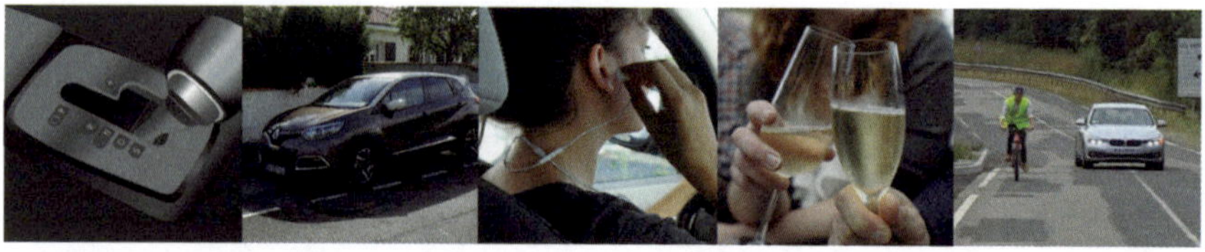

■ Depuis le 20 mai 2018, en cas de **défaillance critique du véhicule, constatée lors du contrôle technique**, la validité de ce contrôle est limitée au jour du contrôle. Les défaillances critiques constituent un danger direct et immédiat pour la sécurité routière ou ont une incidence grave sur l'environnement. Des réparations devront donc être réalisées avant de pouvoir utiliser de nouveau le véhicule concerné. À noter : pour les défaillances majeures, la validité du contrôle reste de deux mois (plus de détails en page 200).

■ Les candidats à l'examen pratique de la catégorie B du permis de conduire doivent avoir une **formation aux notions élémentaires de premiers secours**. Une question sur les premiers secours leur est posée lors de l'examen pratique.

■ Le **port du casque** est obligatoire pour les **enfants de moins de 12 ans**. Si un enfant de moins de 12 ans (au guidon de son vélo ou passager) ne porte pas de casque, l'adulte qui l'accompagne risque une amende.

■ Pour conduire une voiture à **boîte de vitesses automatique**, la formation pratique est de **13 heures minimum** (contre 20 heures minimum en boîte manuelle).

■ Dans certaines villes, dans des zones à faibles émissions mobilité ou lors de certains pics de pollution atmosphérique, une **vignette Crit'Air** (certificat qualité de l'air) doit être apposée sur le pare-brise et détermine les autorisations ou restrictions de circulation du véhicule en fonction de son niveau de pollution (plus de détails en page 230).

■ Il est interdit de conduire en portant à l'oreille un **dispositif pouvant émettre du son** (à l'exception des appareils électroniques correcteurs de surdité). Cette infraction est passible d'une amende et d'un retrait de points (plus de détails en page 99).

■ Pour les **conducteurs novices** (c'est-à-dire en période probatoire), il est interdit de conduire avec une alcoolémie supérieure ou égale à **0,10 mg/l d'air expiré** (soit 0,20 g/l de sang). Ce taux passe à 0,25 mg/l d'air expiré (soit 0,50 g/l de sang) pour les conducteurs confirmés (plus de détails en page 90).

LES PANNEAUX ET LES MARQUAGES

PLANCHES DE PANNEAUX

LIRE LES PANNEAUX

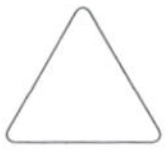 Danger	 Permanent		 Temporaire	
 Ordre	 Début	 Fin	 Début	 Fin
	Interdiction		Obligation	
 Indication	 De conduite		 De services	
 Direction	 Locales	 Vers des villes	 Autoroutière	 Temporaires

PANNEAUX RÉCENTS

Interfiles moto

Interfiles moto

Entrée de zone d'obligation d'équipements en période hivernale

Sortie de zone d'obligation d'équipements en période hivernale

Zone où la vitesse est contrôlée par un ou plusieurs dispositifs de contrôle automatisé

Sens interdit
Ce panneau est placé sur les bretelles de sortie d'autoroute pour éviter les contresens

Nappes de brouillard ou fumées épaisses

Bouchon

Accident

Entrée d'une zone de rencontre

Sortie d'une zone de rencontre

Présignalisation du début d'une section à vitesse régulée

Lieu aménagé pour la pratique du covoiturage.

tout droit cyclistes

tourne-à-droite cyclistes

La signalisation doit être lisible, visible et cohérente. L'implantation des panneaux tient compte de la vision humaine. La taille des panneaux varie suivant la vitesse réglementaire et l'infrastructure (trottoirs étroits, tunnels...).

PANONCEAUX

Un panonceau est placé sous un panneau pour donner des indications qui précisent ou complètent sa signification.

DE DISTANCE
Indique à quelle distance se trouve ce qui est signalé

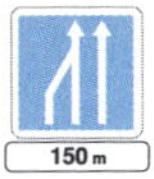

Réduction du nombre de voies **à 150 m**

D'ÉTENDUE
Indique la longueur de ce qui est signalé

Succession de virages **sur 500 m**

DIRECTIONNEL
Indique la voie concernée

Vitesse limitée à 70 km/h **dans la voie de droite**

DE CATÉGORIE
Indique le type d'usagers concernés

Interdiction de tourner à droite **pour les véhicules de transport de marchandises**

D'INDICATIONS DIVERSES
Complète la signification du panneau

Obligation de chaînes à neige sur au moins deux roues motrices **ou pneus neige**

PANNEAUX RELATIFS AUX INTERSECTIONS

Cédez le passage aux véhicules débouchant de la ou des routes situées à droite

Cédez le passage à l'intersection. Signal avancé

ou

Cédez le passage à l'intersection. Signal de position

Arrêt à l'intersection. Signal avancé

Arrêt à l'intersection. Signal de position

Carrefour à sens giratoire

Intersection avec une route dont les usagers doivent me céder le passage

Indication du caractère prioritaire d'une route

Fin de caractère prioritaire d'une route

Les panonceaux-schémas représentent un croquis de l'intersection qui va être abordée en indiquant par un trait épais la route prioritaire

PASSAGES À NIVEAUX

Barrières à fonctionnement manuel

Barrières avec ligne électrifiée située à moins de 6 mètres au-dessus de la chaussée.

Signal avancé

Signal de position

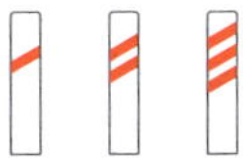

Balises d'annonce placées hors agglomération à :
50 m 100 m 150 m

Signal avancé

Signal de position

Signal avancé

Signal de position

Muni d'une signalisation automatique lumineuse et sonore

Signal avancé

Signal de position

Avec obligation de marquer l'arrêt

PANNEAUX DE DANGER

Virage à gauche — Virage à droite — Succession de virages dont : le 1er est à gauche — le 1er est à droite — Cassis ou dos-d'âne — Ralentisseur de type dos-d'âne — Chaussée rétrécie

Chaussée rétrécie par la gauche — Chaussée rétrécie par la droite — Chaussée particulièrement glissante — Descente dangereuse — Endroit fréquenté par les enfants — Passage pour piétons surélevé — Annonce de feux tricolores

Circulation dans les deux sens. **Prise d'effet immédiate** — Débouché sur un quai ou une berge — Pont mobile — Risque de heurt de véhicules lents — Passage de cavaliers — Passage d'animaux domestiques — Passage d'animaux sauvages

Débouché de cyclistes venant de droite ou de gauche — Traversée de voies de bus — Traversée de voies de tramways — Traversée d'une aire de danger aérien — Vent latéral — Risque de chutes de pierres ou de présence sur la route de pierres tombées — Autres dangers

PANNEAUX D'OBLIGATION

Obligation de tourner à droite ou à gauche avant le panneau — Contournement obligatoire par la droite ou par la gauche — Direction obligatoire à la prochaine intersection : à droite ou à gauche — Directions obligatoires à la prochaine intersection : tout droit ou à droite ou tout droit ou à gauche

Vitesse minimale obligatoire — Chaînes à neige obligatoires sur au moins 2 roues motrices — Directions obligatoires à la prochaine intersection : à gauche ou à droite — Obligation dont la nature est mentionnée par une inscription sur le panneau — Piste ou bande cyclable réservée aux cycles à 2 ou 3 roues — Voie réservée aux tramways — Direction obligatoire à la prochaine intersection : tout droit

Fin de vitesse minimale obligatoire — Fin de chemin obligatoire pour piétons — Fin de chemin obligatoire pour cavaliers — Fin de voie réservée aux véhicules des services réguliers de transport en commun — Fin de piste ou bande obligatoire pour cycles — Fin d'obligation selon l'inscription

PANNEAUX D'INTERDICTION

Sens interdit à tout véhicule

Circulation interdite à tout véhicule dans les 2 sens

Interdiction de tourner à gauche à la prochaine intersection

Interdiction de tourner à droite à la prochaine intersection

Interdiction de faire demi-tour jusqu'à la prochaine intersection incluse

Interdiction de dépasser tous les véhicules à moteur autres que ceux à 2 roues sans side-car

Interdiction de dépasser pour les transports de marchandises de plus de 3,5 t

Arrêt obligatoire au poste de douane

Arrêt obligatoire au barrage de gendarmerie

Arrêt obligatoire au barrage de police

Arrêt obligatoire au poste de péage

Accès interdit aux véhicules à moteur à l'exception des cyclomoteurs

Accès interdit à tous les véhicules à moteur

Accès interdit aux piétons

Accès interdit aux cycles

Accès interdit aux cyclomoteurs

Accès interdit aux motocyclettes et motocyclettes légères

Accès interdit aux véhicules affectés au transport de marchandises

Accès interdit aux véhicules de transport en commun de personnes

Accès interdit aux véhicules tractant une remorque ou une caravane > à 250 kg si PTRA ≤ 3,5 tonnes

Accès interdit aux véhicules agricoles à moteur

Accès interdit aux véhicules à traction animale

Accès interdit aux voitures à bras

Accès interdit aux véhicules ou aux ensembles de véhicules ayant une longueur, chargement compris supérieure à 10 m

Accès interdit aux véhicules dont la largeur, chargement compris, dépasse la dimension indiquée

Accès interdit aux véhicules dont la hauteur, chargement compris, dépasse la dimension indiquée

Accès interdit aux véhicules dont le PTAC (ou le PTRA), dépasse le poids indiqué sur le panneau

Accès interdit aux véhicules pesant sur un essieu plus que le nombre indiqué

Interdiction de dépasser la vitesse indiquée

Cédez le passage à la circulation venant en sens inverse

Signaux sonores interdits

Interdiction aux véhicules de circuler sans maintenir entre eux un intervalle au moins égal au nombre indiqué

Accès interdit aux véhicules transportant des marchandises explosives ou facilement inflammables

Accès interdit aux véhicules transportant des marchandises susceptibles de polluer les eaux

Accès interdit aux véhicules transportant des marchandises dangereuses

Autres interdictions dont la nature est indiquée par une inscription sur le panneau

PANNEAUX DE ZONE

Début de zone

Fin de zone

Entrée d'une zone de circulation restreinte. Le panonceau précise les caractéristiques de la limitation d'accès ainsi que les catégories de véhicules dérogatoires.

Entrée de zone Fin de zone
d'obligation d'équipements en période hivernale

PANNEAUX DE FIN D'INTERDICTION

Fin de limitation de vitesse à 60 km/h

Fin de toutes les interdictions précédemment signalées imposées aux véhicules en mouvement

Fin d'interdiction de dépasser

Fin d'interdiction de l'usage des avertisseurs sonores

Fin d'interdiction de dépasser pour les véhicules de transport de marchandises dont le PTAC est > à 3,5 t

Fin d'une interdiction dont la nature est mentionnée sur le panneau

PANNEAUX D'INDICATION DE SERVICES

Poste d'appel d'urgence

Cabine téléphonique publique

Informations relatives aux services ou activités touristiques

Fréquence d'une radio dédiée aux informations sur la circulation et l'état des routes

Point de départ d'un itinéraire pédestre

Point de départ d'un circuit de ski de fond

Point de départ d'un télésiège ou d'une télécabine

Emplacement de mise à l'eau d'embarcations légères

Jeux d'enfants

Point de détente

Installations ou services divers

Auberge de jeunesse

Chambres d'hôtes ou gîte

Installations accessibles aux personnes à mobilité réduite

Point de vue

Station de gonflage, hors station-service à usage gratuit

Moyen de lutte contre l'incendie

Issue de secours vers la gauche

Poste de secours

Terrains de camping pour tentes, caravanes et autocaravanes

Station de vidange pour caravanes, autocaravanes et cars

Débit de boissons ou établissement proposant des collations sommaires ouvert 7 jours sur 7

Restaurant ouvert 7 jours sur 7

Embarcadère

Gare auto/train

Parc de stationnement sous vidéo protection

PANNEAUX D'INDICATION DE CONDUITE

Entrée d'aire piétonne — Sortie d'aire piétonne — Entrée d'une zone de rencontre — Sortie d'une zone de rencontre — Voie verte — Fin de voie verte

Piste ou bande cyclable conseillée et réservée aux cycles à 2 ou 3 roues — Arrêt d'autobus — Traversée de voies de bus — Traversée de voies de tramways — Station de taxis — Route à accès réglementé — Fin de route à accès réglementé

Surélévation de chaussée — Passage pour piétons — Circulation à sens unique — Priorité par rapport à la circulation venant en sens inverse

Lieu aménagé pour le stationnement : gratuit — payant — gratuit à durée limitée avec contrôle par disque

Impasse — Présignalisation d'une impasse — Impasse comportant une issue pour les piétons et les cyclistes — Voies affectées à l'approche d'une intersection — Créneau de dépassement à 3 voies affectées "2 voies dans un sens 1 voie dans l'autre" — Section de route à 3 voies affectées, "1 voie dans un sens et 2 voies dans l'autre"

Fin d'un créneau de dépassement à 3 voies affectées — Réduction du nombre de voies — Conditions particulières de circulation par voies sur la route suivie — Emplacement d'arrêt d'urgence — Voie de détresse à droite — Présignalisation d'une aire de service ou de repos sur autoroute

Entrée d'autoroute — Fin d'une section d'autoroute — Présignalisation du paiement du péage — Présignalisation d'une borne de retrait de ticket de péage — Paiement auprès d'un péagiste — Paiement automatique par pièces et billets — Présignalisation du début d'une section à vitesse régulée

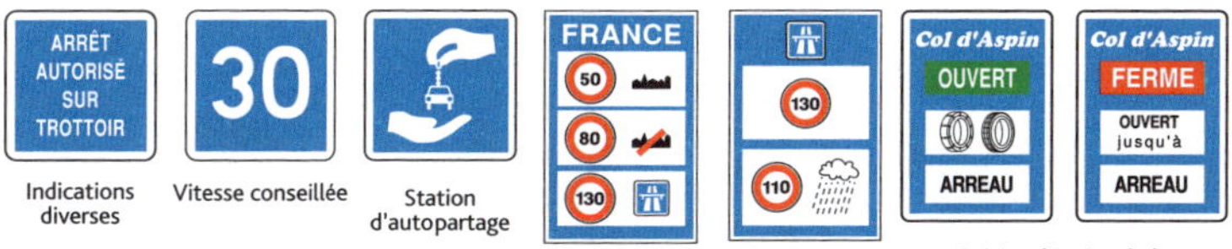

Indications diverses — Vitesse conseillée — Station d'autopartage — Indication aux frontières des limites de vitesse sur le territoire français — Rappel des limites de vitesse sur autoroute — Présignalisation de la praticabilité d'une section de route. Les mentions précisent les conditions de circulation.

Zone où la vitesse est contrôlée par un ou plusieurs dispositifs de contrôle automatisé

Interfiles moto

Zone où la vitesse est contrôlée par un ou plusieurs dispositifs de contrôle automatisé sur toute la longueur du tunnel, du chantier ou du pont

PANNEAUX DE LOCALISATION

Entrée d'agglomération.

Sortie d'agglomération.

Lieu-dit.

PANNEAUX DE STATIONNEMENT

Arrêt et stationnement interdits

Stationnement interdit

Stationnement interdit du côté du panneau du 1er au 15 du mois

Stationnement interdit du côté du panneau du 16 à la fin du mois

Stationnement interdit aux véhicules affectés au transport de marchandises

Stationnement à durée limitée avec contrôle par disque

Stationnement réservé aux véhicules électriques pendant la durée de recharge

Stationnement réservé aux personnes titulaires de la carte européenne

Stationnement payant avec parcmètre

Stationnement gênant au sens de l'article R 417-10 du code de la route

Stationnement interdit de 8h à 9h et de 16h à 17h

Stationnement interdit à droite du panneau

Stationnement interdit à gauche du panneau

Stationnement interdit à partir du panneau

Stationnement interdit jusqu'au panneau

Stationnement interdit avant et après le panneau

Entrée Sortie
zone à stationnement interdit

Entrée Sortie
zone à stationnement de durée limitée avec contrôle par disque

Entrée Sortie
zone à stationnement payant

Entrée Sortie
zone à stationnement unilatéral à alternance semi-mensuelle

Entrée Sortie
zone à stationnement unilatéral à alternance semi-mensuelle et à durée limitée avec contrôle par disque

Arrêt et stationnement réservés aux véhicules bénéficiant du label "autopartage"

PANNEAUX DE SIGNALISATION TEMPORAIRE

Cassis ou dos-d'âne

Signaux lumineux réglant la circulation

Chaussée glissante

Chaussée rétrécie

Projection de gravillons

Travaux

Autres dangers précisés ou non

Nappes de brouillard ou fumées épaisses

Bouchon

Accident

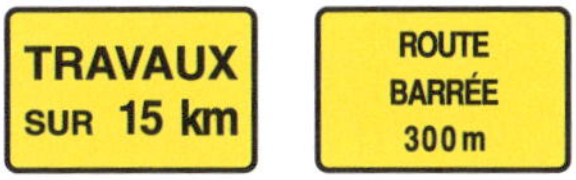

Chantier important ou situations diverses

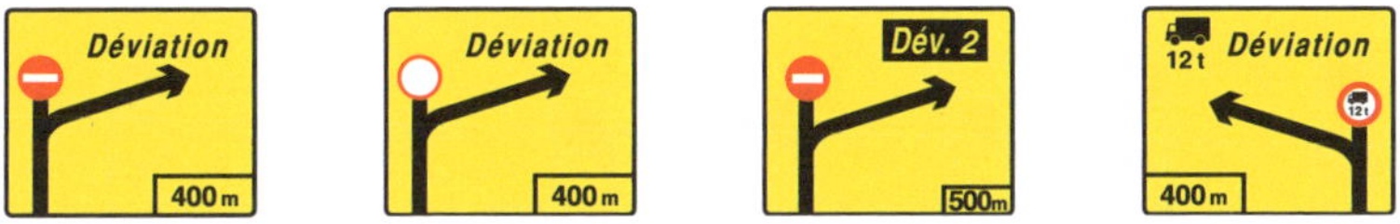

Présignalisation de déviation

Direction de déviation avec mention de la ville

Direction de déviation

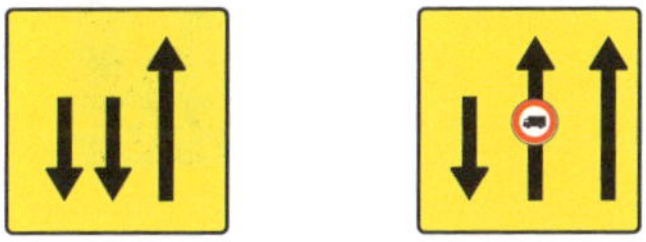
Affectation des voies

Présignalisation courante

Présignalisation de changement de chaussée

Annonce de la réduction de voies

Confirmation de déviation

Signalisation complémentaire d'un itinéraire de déviation

Fin de déviation

Symbole utilisé pour différencier le jalonnement de plusieurs itinéraires de déviation

Signal de position d'une déviation ou d'un rétrécissement temporaire de la chaussée

Barrage. Signalisation de position d'un obstacle temporaire

Signalisation de position des limites d'obstacles temporaires.
Dispositif conique

Piquets mobiles :

Autorisation de passer

Interdiction de passer

FEUX DE SIGNALISATION

Feux tricolores circulaires

Signaux tricolores de contrôle de flot

Feux tricolores modaux pour bus

Signaux d'anticipation pour bus

Feux tricolores modaux pour cycles

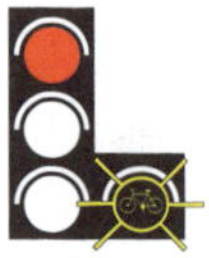
Signaux d'anticipation pour cycles

FEUX DIRECTIONNELS

- à gauche
- en face et à gauche
- tout droit
- en face et à droite
- à droite

FEUX DIRECTIONNELS : SIGNAUX D'ANTICIPATION

- tout droit et à gauche
- tout droit
- à droite
- tourne-à-droite cyclistes
- tout droit cyclistes
- tout droit cyclistes
- tourne-à-droite cyclistes

Signal bicolore de contrôle individuel

Accès interdit. Feu fixe

Accès autorisé. Feu fixe

Signal d'arrêt. Feu clignotant

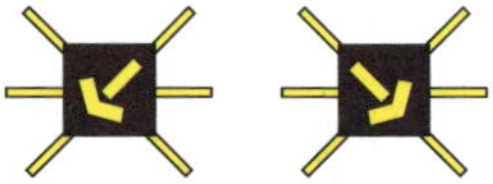
Obligation de se rabattre vers la voie adjacente indiquée par la flèche. Feux clignotants

Signal d'arrêt destiné aux piétons. STOP clignotant

SIGNALISATION DYNAMIQUE

Un panneau dynamique délivre des messages amenés à être modifiés fréquemment.

Annonce de présence relativement proche de nappes de brouillard ou de fumées épaisses

Annonce d'un danger proche de dégradation des conditions de circulation liée à des chutes de neige ou à de la pluie verglaçante

Signalisation dynamique d'une queue de bouchon

Signalisation dynamique d'un accident

Signalisation dynamique de travaux

Annonce d'une présence proche d'un ou de plusieurs piétons sur la chaussée

Présence de piétons à un passage pour piétons ou rappel d'un passage pour piétons

Présence d'enfants susceptibles de traverser la chaussée

Annonce de la fermeture d'un passage à niveau muni de barrières avec indication sur panonceau

Annonce d'une chaussée particulièrement glissante

LES BORNES

- **Elles permettent de se repérer.** Elles indiquent le type et le numéro de la route et parfois l'altitude, une indication de repérage, etc. Elles permettent de communiquer la localisation exacte d'un incident.

Bornes rouges : route nationale ou autoroute

Borne jaune : route départementale

Borne bleue : route métropolitaine

Borne blanche : route communale

LES BALISES

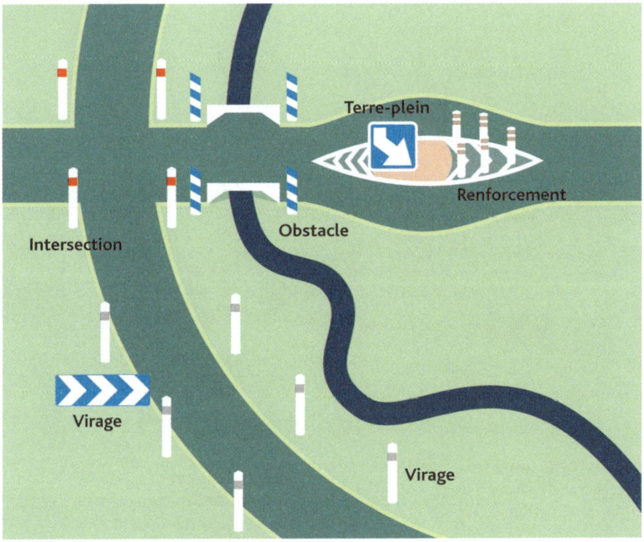

Nota : sur les routes fréquemment enneigées, les balises de virage comportent un sommet rouge.

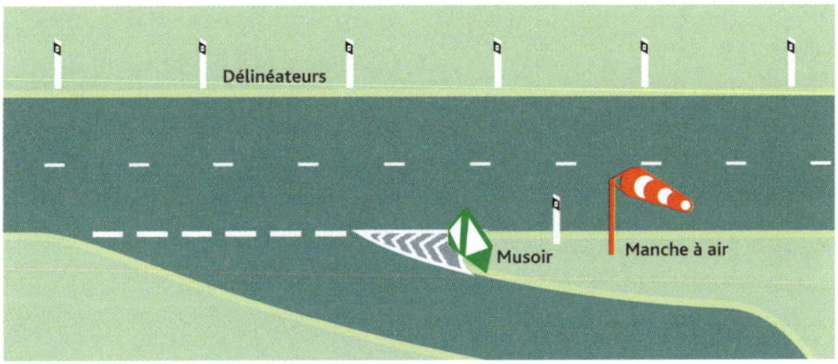

LES LIGNES

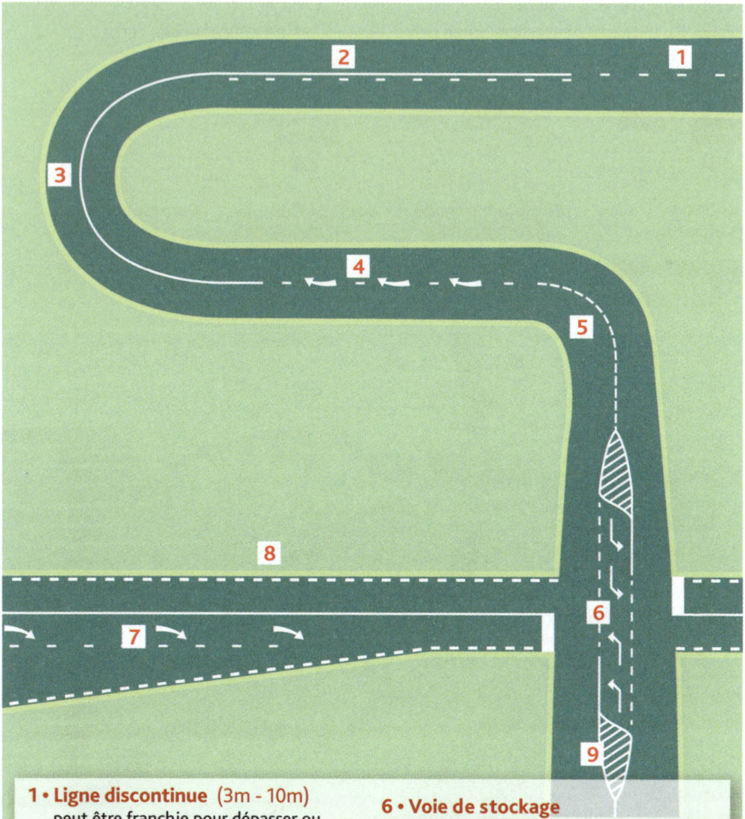

1 • Ligne discontinue (3m - 10m)
peut être franchie pour dépasser ou changer de direction.

2 • Ligne mixte
peut être franchie uniquement si je me trouve du côté de la ligne discontinue.

3 • Ligne continue
ne peut être ni franchie ni chevauchée (sauf dépassement de cycliste si bonne visibilité).

4 • Ligne d'annonce
comporte des flèches de rabattement et annonce une ligne continue.

5 • Ligne de dissuasion (3m - 1,33m)
autorise uniquement le dépassement des véhicules circulant lentement (vitesse anormalement réduite).

6 • Voie de stockage
permet de tourner à gauche sans gêner les usagers qui continuent tout droit. Une fois placé dans la voie, je ne reviens pas sur la chaussée principale.

7 • Flèches de rabattement
imposent de se replacer à droite et annoncent une ligne continue ou une réduction du nombre de voies.

8 • Ligne de rive à droite sur route (3m - 3,5m)
sépare l'accotement de la chaussée.

9 • Zébras
interdisent la circulation, l'arrêt et le stationnement.

LE MARQUAGE SUR AUTOROUTE

1 • Voie d'entrecroisement
permet de s'insérer ou de sortir du courant principal.

2 • Voie de décélération
permet de ralentir en dehors de la chaussée principale.

3 • Voie d'insertion
permet de s'insérer dans la circulation après avoir cédé le passage. Je ne suis pas obligé d'attendre la fin de la voie pour m'insérer.

4 • Voie de détresse
en descente, permet d'arrêter un véhicule dont les freins sont défaillants.

5 • Ligne de rive à droite sur autoroute
sépare la chaussée de la bande d'arrêt d'urgence. (39 m - 13 m)

6 • Ligne de dissuasion
interdit aux véhicules sur la voie de gauche d'emprunter la sortie.

7 • Ligne de rive continue
à gauche signale que je circule sur une chaussée à sens unique.

LE MARQUAGE EN VILLE

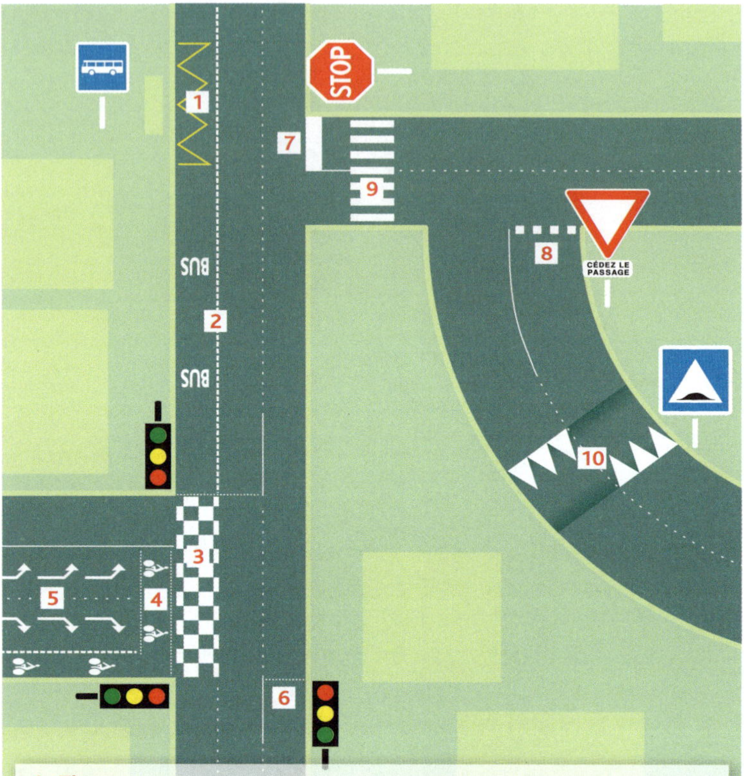

1 • Zig zag
matérialise un arrêt de bus sur lequel je ne peux ni m'arrêter, ni stationner.

2 • Voies réservées (3m - 1,33m)
permettent d'identifier les voies réservées aux bus, aux cyclistes ou aux véhicules lents : interdiction d'y circuler, s'arrêter ou stationner.

3 • Damier blanc
matérialise la traversée d'une voie réservée en intersection.

4 • Sas cyclistes
permet aux cyclistes de s'arrêter en dehors des voies principales.

5 • Flèches directionnelles
distribuent la circulation dans une intersection. ***ATTENTION*** **>** si plusieurs voies sont affectées à ma direction, je reste dans celle qui est à droite, sauf si je souhaite dépasser.

6 • Ligne d'effet des feux
délimite l'endroit où je dois m'arrêter.

7 • Ligne de stop
délimite l'endroit où je dois m'arrêter et céder le passage.
ATTENTION **>** une ligne stop ou cédez le passage qui s'étend sur toute la largeur de la chaussée signale une rue à sens unique.

8 • Ligne de cédez le passage
délimite l'endroit où je dois céder le passage.

9 • Passage pour piétons
je cède le passage aux piétons engagés où qui veulent traverser.

10 • Ralentisseur
je ralentis pour le franchir en sécurité.

DISPOSITIONS LÉGALES EN MATIÈRE DE CIRCULATION ROUTIÈRE

Signaux des agents

L LES PANONCEAUX ET PANNEAUX DE DANGER

Des enfants risquent de traverser :

- A > uniquement au prochain passage pour piétons
- B > à n'importe quel endroit
- C > uniquement aux entrées et sorties d'école
- D > à tout moment de la journée

LES PANONCEAUX

Les panonceaux permettent de donner des informations particulières ou de préciser la signification d'un panneau.

Un panonceau est par exemple ajouté si le panneau :

Ne concerne qu'une catégorie d'usagers.

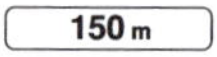

Débute à une certaine distance.

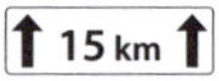

S'étend sur une certaine distance.

Concerne une voie précise.

Le panonceau se lit toujours avec son panneau.

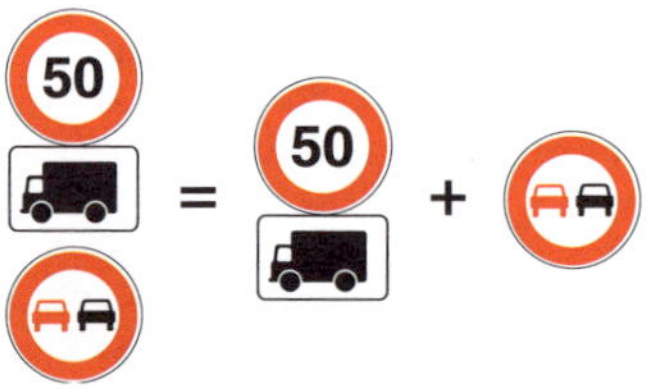

Il ne concerne que le panneau au dessous duquel il est placé.

Exception : Lorsqu'un panneau de danger est placé sur un panneau d'interdiction, le panonceau placé dessous concerne les deux panneaux.

Exemples de panonceaux qui me concernent :

- si je circule en voiture de tourisme (véhicules ou ensembles de véhicules dont le PTAC est inférieur à 3,5 tonnes).

- si je tracte une remorque ou une caravane de plus de 250 kg.

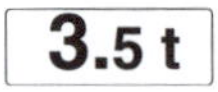

Attention : au volant d'une voiture de tourisme, je ne suis pas concerné par un panneau comportant ce panonceau.

LES PANNEAUX DE DANGER

Ces panneaux sont implantés avant le danger annoncé : 50 m avant en agglomération, 150 m avant hors agglomération, 200 m avant sur autoroute.

Seul un panneau échappe à la règle.

La circulation dans les deux sens commence à hauteur du panneau.
En règle générale, à partir du panneau, la vitesse est limitée à 80 km/h.

Les panneaux de danger sont implantés pour avertir les conducteurs.

Je RALENTIS à l'approche du danger :

Passage d'animaux sauvages

Risques : ils peuvent traverser n'importe où

Débouché de cyclistes venant de gauche ou de droite

m'arrêter à temps si un cycliste traverse

Traversée de voies de tramways

Risques :
m'arrêter à temps si un tramway arrive

Endroit fréquenté par les enfants

Ils peuvent traverser à n'importe quel endroit et moment de la journée

Annonce de feux tricolores

m'arrêter à temps, si le feu passe au jaune

Cassis ou dos-d'âne[1]

Ralentisseur de type dos-d'âne

éviter une trop grande secousse

Virage à droite

éviter une sortie de route

MACIF — Prévention Somnolence

Attention, certains dangers ne sont pas forcément sur la route ! La dette de sommeil est un exemple parfait de dangers sous-estimés : l'être humain a besoin de sommeil et ne peut sans conséquence en diminuer la durée. 15 % de la population est en dette de sommeil, et les jeunes sont plus touchés que la moyenne.
Paupières lourdes, bâillements fréquents, changements de voie involontaires, écarts brusques… la somnolence vous guette. Ne luttez pas contre cette réalité physiologique qui annonce un endormissement. Arrêtez-vous, faites une sieste.

Ces panneaux sont mis en place bien avant le danger : j'ai le temps d'adapter ma conduite, d'anticiper.

[1] Cassis : creux dans la chaussée - Dos d'âne : bosse sur la chaussée

L LES PANNEAUX DE PRESCRIPTION

La vitesse est limitée à 70 km/h :

A > dans toutes les rues de l'agglomération

ou

B > dans cette rue uniquement

LES OBLIGATIONS

Contournement

- Je tourne devant le panneau.

Direction obligatoire

- Je tourne avant le panneau.

Risque : circuler en sens interdit (choc frontal)

Voies réservées

- L'obligation d'emprunter la voie réservée commence à hauteur du panneau.

Risque : en empruntant une voie réservée : gêner ou heurter les autres usagers

Ce panneau signale la fin d'une voie réservée aux cyclistes. Attention : il ne s'agit pas d'un accès interdit.

Autres obligations

- **Allumez les feux** du véhicule. *Attention : le panneau d'entrée de tunnel impose l'utilisation des feux de croisement.*

- **Chaînes à neige** obligatoires sur au moins deux roues motrices.

LES INTERDICTIONS

L'interdiction commence au panneau et **s'étend jusqu'à la prochaine intersection** ou jusqu'au signal de fin d'interdiction.

Exception : La limitation de vitesse s'applique dans toute l'agglomération.

Si le panneau de limitation est placé ***après*** *l'entrée d'agglomération, il s'applique uniquement dans la rue.*

Accès interdit à certains usagers

Risque : être dans une rue non aménagée pour ma circulation.

Accès interdit selon les dimensions, le poids ou le chargement

Risque : être bloqué sans possibilité de faire demi-tour.

Manœuvres interdites

Risque : créer un choc frontal.

Autres interdictions

Risque : gêner les autres usagers et créer un accident.

Fin de toutes les interdictions précédemment imposées **aux véhicules en mouvement.**
Ce panneau :

- **peut mettre fin** à une interdiction de dépasser, de klaxonner, à une limitation de vitesse,
- **ne peut pas mettre fin** à une interdiction de s'arrêter ou de stationner.

Fin de limitation de vitesse à 70 km/h.
À partir de ce panneau : retour à la règle générale.

L LES PANNEAUX D'INDICATION

Je circule sur :

A > une route à sens unique

B > une autoroute

C > une route à accès réglementé

Les panneaux d'indication sont mis en place pour me guider et m'informer. Connaître leur signification facilite la circulation.

Les panneaux d'indication sont implantés à proximité de ce qu'ils signalent.
Ils donnent des informations sur...

... le type de route

- J'adapte ma vitesse aux circonstances.

Impasse avec issue pour piétons et cyclistes

Sens unique

Route à accès réglementé

... les affectations de voies

- J'emprunte la voie qui convient.

Réduction du nombre de voies

Cyclistes à contresens

Voie de détresse

... les vitesses

■ Je circule à une vitesse adaptée.

Section à vitesse régulée

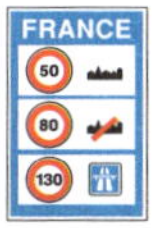

Vitesses sur le territoire

Vitesse conseillée

... les installations

■ Je respecte la circulation des autres usagers.

Traversée de voies de tramway

Passage pour piétons

... les arrêts et stationnements

■ Je ne crée ni gêne, ni danger lors de mes arrêts.

Parking

Station d'autopartage

Taxis

... les péages

■ Je ne perds pas de temps aux péages.

Retrait de ticket

Paiement par carte bancaire ou accréditive

Paiement par pièces et billets

... les services

■ Je trouve les services dont j'ai besoin.

Poste d'appel d'urgence

Station de gonflage

L LES PANNEAUX DE DIRECTION

Pour aller à Verneuil, je prendrai à droite :

A > OUI

B > NON

Les COULEURS permettent d'identifier l'itinéraire

- Itinéraire **autoroutier**

- Itinéraire **important,** reliant des grandes villes

- Itinéraire **secondaire,** localités proches

- Itinéraire ou site **touristique**

- Itinéraire **temporaire**

Les ENCARTS[1] et CARTOUCHES[2] identifient la route

E 24	A 13	N 7	M627	D 81	C 78	R 18
Réseau européen	Autoroute	Route nationale	Réseau métropolitain	Route départementale	Réseau communal	Réseau rural

Quand un cartouche est placé sur un pont au-dessus de ma route, il identifie la route qui passe au-dessus (pour se repérer sur une carte par exemple).

Les SYMBOLES placés dans un panneau précisent les directions

Une partie de l'itinéraire peut se faire sur **autoroute**.

Usagers **ne pouvant pas emprunter** cet itinéraire.

Annonce une **rocade**[3].

Catégorie d'usagers pour lesquels l'itinéraire est **recommandé**.

[1]Encart : bloc de texte inclu dans le panneau. [2]Cartouche : panonceau posé sur le panneau.
[3]Rocade : axe contournant une ville.

EXEMPLES DE DIRECTIONS ROUTIÈRES

Je souhaite me rendre à VENDRENNES.

- Pour emprunter la N160 en direction de Vendrennes, je prends la sortie à 800 m.

- Je peux encore changer de voie pour emprunter la sortie si je ne gêne personne.

- Il est trop tard pour changer de voie

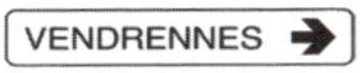

- Je tourne à droite à la prochaine intersection, après le panneau.

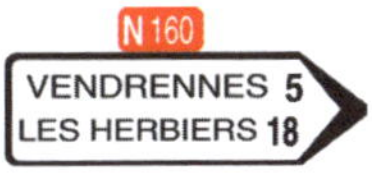

- Je tourne devant le panneau.

Risque : connaître les panneaux de direction permet d'éviter les prises de décisions tardives, les hésitations et les mauvaises directions.

EXEMPLES DE DIRECTIONS AUTOROUTIÈRES

La BIFURCATION est la séparation d'une autoroute en deux autoroutes

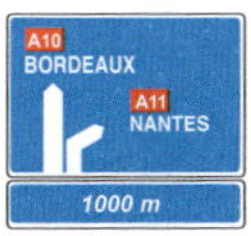

Exemple avec affectation de voies

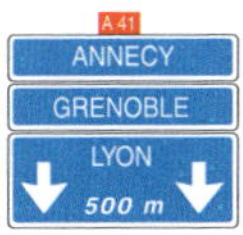

La SORTIE

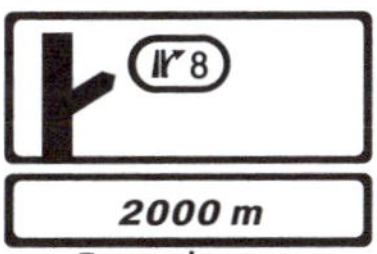

Exemple sans affectation de voies

J'anticipe les changements de direction et je conserve une circulation fluide et sécurisée.

L LA SIGNALISATION TEMPORAIRE

La chaussée peut se rétrécir :

A > du côté gauche

B > du côté droit

Je ralentis :

C > OUI

D > NON

Les panneaux temporaires remplacent la signalisation existante.
Si la signalisation avancée se réduit à un seul panneau, il est placé à environ 30 m en ville, 150 m sur double sens hors agglomération et 200 m sur sens unique.

DANGERS

Annonce de nappes de brouillard ou fumées épaisses

Risque : la visibilité va être réduite.

Accident

Bouchon

Risque : je ne dépasse pas.

Travaux

Risque : des ouvriers peuvent se trouver sur la chaussée.

Chaussée rétrécie

Risque : la chaussée peut se rétrécir des deux côtés ou d'un seul côté.

Nota : les panneaux temporaires d'interdiction sont identiques aux panneaux permanents mais sont placés sur supports mobiles, type chevalets.

CIRCULATION ALTERNÉE

Si les travaux occupent une partie de la chaussée, le trafic peut être alterné par des **feux tricolores**, des employés utilisant des **piquets mobiles,** ou bien des panneaux.

ITINÉRAIRES DE DÉVIATION

Quand une **route est fermée à la circulation**, une **déviation** est mise en place. Une déviation peut concerner tous les usagers ou seulement une catégorie de véhicules.

La déviation concerne les véhicules de transport de marchandises. Je peux emprunter la déviation si je le souhaite.

Ce panneau permet de différencier plusieurs itinéraires de déviation qui se croisent.

Les itinéraires Bis permettent d'éviter les difficultés de circulation **lors des grands départs** (week-end, vacances).
En suivant ces itinéraires, j'évite les axes encombrés ou saturés.

Les itinéraires de substitution sont mis en place pour éviter les difficultés de circulation **sur autoroute** (travaux, bouchon, accident...).

SIGNALISATION DYNAMIQUE

Vent violent ayant une implication forte sur la conduite.

Présence proche d'un ou de plusieurs piétons sur la chaussée ou la bande d'arrêt d'urgence.

Risque : je dois pouvoir m'arrêter très rapidement.

Changement temporaire de chaussée ou de trajectoire.

Danger proche : chutes de neige ou pluie verglaçante.

Risque : l'adhérence va être fortement réduite.

MARQUAGE TEMPORAIRE

Le marquage temporaire est de couleur jaune. Il remplace le marquage permanent dans les zones en travaux. Dans ces zones, je ne circule pas à la vitesse maximale.

Je réduis ma vitesse, je conserve une distance de sécurité d'au moins 2 secondes et je fais très attention aux agents.

LES FORCES DE L'ORDRE

J'ai l'intention de tourner à droite :

A > je passe

B > je m'arrête

ORDRE DE PASSAGE

Lorsqu'un agent est présent dans une intersection, ses signaux remplacent et annulent la signalisation en place.
Je dois prendre en compte, dans l'ordre :

- **1 : l'agent**
- **2 : le feu**
- **3 : le panneau**
- **4 : aucune signalisation**

Si un agent me fait signe de m'arrêter alors que le feu est vert, je m'arrête. De la même façon, si un agent me fait signe de passer alors que le feu est rouge, je passe.

Risque : surprendre, gêner, créer un accident en refusant une priorité.

SIGNAUX DES AGENTS

Si un agent règle la circulation, il annule et remplace toute signalisation.

- De face ou de dos :
  je m'arrête.

- De profil :
  je passe.

- Gestes circulaires :
  je circule, j'accélère.

- Gestes de haut en bas :
  je ralentis.

Malgré le stop,
je passe avec précaution
sans m'arrêter,
ni céder le passage.

RÔLES DES AGENTS

Les agents assurent notre protection, maintiennent l'ordre public et font respecter les règles du code de la route notamment. Ils assurent la circulation aux abords d'un accident, d'une zone de travaux...

Les agents procèdent aux contrôles de vitesse et aux dépistages d'alcool ou de stupéfiants.

Les agents contrôlent la présence :
- des documents obligatoires (permis de conduire, certificat d'immatriculation et attestation d'assurance),
- des équipements obligatoires (gilet haute visibilité, triangle de présignalisation).

Je respecte les signaux des agents.

L

LES PANNEAUX DE PRIORITÉ

Je tourne à gauche,
je cède le passage :

- à droite

A > OUI

B > NON

- en face

C > OUI

D > NON

PRIORITÉ À DROITE

- **Panneau de priorité à droite** : je cède le passage à droite.
- **Absence de signalisation** : je cède le passage à droite.
- **Rond-point sans signalisation :** sur une place sans signalisation, c'est aussi la règle de la priorité à droite qui s'applique.

Risque : en l'absence de panneau, je risque de penser à tort que les autres usagers rencontrent un stop ou un cédez-le-passage.

CHEMIN DE TERRE ET SORTIE DE PARKING

Lorsque je sors d'un chemin de terre ou d'un parking, **je cède le passage aux usagers de la route abordée**. Tout véhicule débouchant d'un chemin de terre doit céder le passage.

CÉDEZ-LE-PASSAGE

- **Panneau d'annonce**

- **Panneau de position**

- **Marquage au sol**

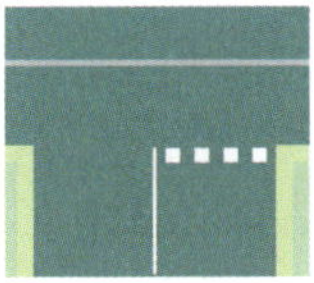

Je cède le passage à gauche et à droite.
Je regarde toujours des deux côtés même si je tourne à droite.

Risque : Un véhicule peut être en train de dépasser sur la chaussée que j'aborde.

L'arrêt n'est pas obligatoire.
Je ralentis suffisamment pour m'arrêter si un véhicule arrive.

Les voies d'insertion.
Je cède le passage aux véhicules circulant sur la chaussée principale.
J'atteins une vitesse suffisante pour m'insérer sans gêner les autres usagers.

STOP

- **Panneau d'annonce**

- **Panneau de position**

- **Marquage au sol**

Dans une rue à **sens unique**, les lignes de stop ou de cédez-le-passage s'étendent sur **toute la largeur de la chaussée**.

Je marque un temps d'arrêt
Même si aucun usager n'arrive, je m'arrête à hauteur de la bande de stop.
En absence de marquage, je m'arrête à la limite de la chaussée abordée.

Je cède le passage à gauche et à droite
Si je tourne à gauche, je dois également céder le passage en face.

Risque : en "glissant" un stop, on évalue mal la vitesse et la distance des véhicules.

L LES PANNEAUX DE PRIORITÉ

Pour tourner à gauche,
je cèderai le passage :

- à droite

A > OUI
B > NON

- à gauche

C > OUI
D > NON

PRIORITÉ PONCTUELLE

Je bénéficie de la priorité à la prochaine intersection uniquement.
Les véhicules venant des autres routes devront me céder le passage.
Ils rencontreront un stop ou un cédez-le-passage.

L'intersection est signalée à l'avance : je ralentis et je vérifie le comportement des autres usagers avant de la franchir.

Risque : un usager ne m'a pas vu arriver ou pense avoir le temps de passer. Il ne respecte pas la priorité.

ROUTE À CARACTÈRE PRIORITAIRE

La route reste prioritaire à toutes les intersections jusqu'au panneau de fin de route à caractère prioritaire.

Implantations possibles

Avant la première intersection de la route.

En confirmation :
- tous les km en agglomération[1],
- tous les 5 km hors agglomération,
- après les carrefours importants en rase campagne.

Aux entrées d'agglomération : la route conserve son caractère prioritaire au-delà.

Aux sorties d'agglomération : la route est prioritaire au-delà.

FIN DE ROUTE À CARACTÈRE PRIORITAIRE

Implantations possibles

Entrée ou sortie d'agglomération : la route perd son caractère prioritaire à partir du panneau.

Panneau seul : perte de priorité à la prochaine intersection.

Avec panonceau : perte de priorité à la distance indiquée.

PANONCEAUX-SCHÉMAS

Ils schématisent une intersection complexe ou ambiguë.

Trait épais : axe prioritaire

Traits fins : axes non prioritaires

Trait du bas : route sur laquelle je circule

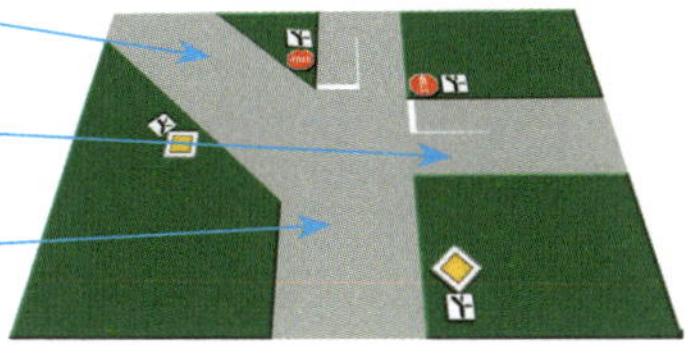

[1] Agglomération : espace sur lequel sont groupés des immeubles bâtis, dont l'entrée et la sortie sont signalées par des panneaux.

L CARREFOUR À SENS GIRATOIRE

Placé dans la voie de gauche, je suis bien placé

A > pour tourner à droite

B > pour tourner à gauche

C > pour faire demi-tour

Un carrefour à sens giratoire comporte un terre-plein central[1], franchissable ou non. Il est ceinturé par une chaussée mise en sens unique par la droite.

Présignalisation

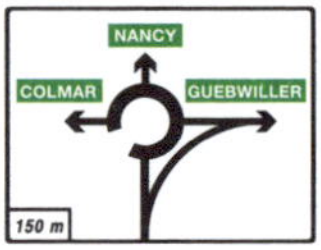

Signalisation avancée

Signalisation de position

Je cède le passage aux véhicules circulant sur l'anneau[2].
J'évite de m'arrêter si la voie est libre. Pour cela, j'anticipe en regardant à gauche avant d'arriver sur le giratoire.

[1] Terre-plein central : étendue de terrain, qui peut être un peu surélevée et qui sépare deux chaussées à grande circulation ou qui se trouve au centre d'une place.
[2] Anneau : chaussée entourant l'îlot central d'un carrefour à sens giratoire.

Je tourne à gauche ou je fais demi-tour : je peux me placer sur la voie de gauche, mais ce n'est pas une obligation.
Pour sortir : je réintègre la voie de droite à hauteur de la sortie précédente.

Risque : provoquer une collision latérale lors d'un changement de file.

Cohabitation

Avant de **changer de file** ou de **sortir :**

- je cède le passage aux **cyclistes**,
- je tiens compte des véhicules encombrants : ils peuvent faire un écart lorsqu'ils tournent.

Risque : percuter un vélo sur la droite en tournant.

Direction mal connue :

je reste sur la voie de droite et je quitte le giratoire dès que j'ai repéré la direction souhaitée.

Je tourne à droite ou je vais tout droit : je dois rester sur la voie de droite.

Clignotants :

- Je prends la première sortie : clignotant droit avant l'entrée sur le carrefour.
- Je vais en face : clignotant droit à hauteur de la sortie précédente.
- Je vais à gauche ou fais demi-tour : clignotant gauche avant l'entrée sur le carrefour, puis clignotant droit avant de passer sur la voie de droite.

Je me place correctement et j'avertis les autres usagers de mes intentions afin de fluidifier le trafic.

Double carrefour giratoire

C'est la règle générale qui s'applique, je cède deux fois le passage.

Giratoire à 3 voies

Je peux utiliser la voie centrale ou la voie la plus à gauche quand je tourne à gauche ou fais demi-tour, mais ce n'est pas une obligation.

MACIF

Prévention
Carrefour à sens giratoire

Vous pouvez emprunter la voie extérieure dans le rond-point si vous n'êtes pas sûr de votre direction ou si vous rencontrez des difficultés à changer de voie. Dans ce cas redoublez de prudence pour chacune des entrées et signalez que vous restez sur le rond-point en mettant votre clignotant à gauche.

L LES FEUX TRICOLORES

Je vais tout droit. Le feu clignote. Je cède le passage :

■ à droite	■ à gauche
A > OUI	C > OUI
B > NON	D > NON

QUAND ET OÙ S'ARRÊTER ?

Ce panneau annonce la présence d'une intersection comportant des feux. En agglomération, ce panneau est généralement implanté lorsque la présence de feux risque de surprendre. **À l'approche d'un feu, je ralentis et surveille la circulation vers l'arrière.**

Feu vert
Je peux m'engager si l'intersection est libre. Si le feu est vert depuis longtemps, je lève le pied pour m'arrêter à temps s'il passe au jaune.

Feu jaune
Arrêt obligatoire, sauf si l'arrêt ne peut pas être effectué en sécurité (véhicule suivant de trop près et/ou mauvaise adhérence).

Feu rouge
Arrêt absolu

Croix rouge

La croix rouge au dos d'un feu m'**avertit de la couleur du feu opposé** (croix allumée = feu au rouge), elle permet de savoir si on peut tourner à gauche.

MACIF **Prévention**
Les feux tricolores

Soyez particulièrement vigilant en ralentissant à l'approche des feux car certains usagers peuvent s'engager même si leur feu est rouge. Lâchez l'accélérateur et positionnez votre pied au-dessus de la pédale de frein pour diminuer le temps de réaction.

- **Ligne d'effet[1] >** Je m'arrête à hauteur de la ligne d'effet, même si elle est en retrait, pour ne pas bloquer l'intersection en empêchant un poids lourd de tourner.
- **Absence de marquage >** Je m'arrête à hauteur du feu.
- **Passage pour piétons >** Je m'arrête avant le passage.
- **Sas[2] pour cyclistes >** Je m'arrête avant le sas, car il est réservé aux cyclistes.

[1] Ligne d'effet : ligne perpendiculaire à la voie, matérialisée à proximité d'un feu tricolore.
[2] Sas : espace réservé aux cyclistes entre la ligne d'arrêt des véhicules et le passage pour piétons.

FEU JAUNE CLIGNOTANT EN BAS

- **Il autorise le passage mais avec prudence** puisqu'une autre route peut bénéficier du feu vert.
- **Je dois suivre les indications données par le panneau sous le feu** et, en absence de panneau, je cède le passage à droite.

FEU JAUNE CLIGNOTANT AU MILIEU OU FEU ÉTEINT

Le feu est en panne : tous les feux de l'intersection sont clignotants au milieu ou éteints.

- **Je suis les indications données par le panneau sous le feu.**
- **En l'absence de panneau, je cède le passage à droite.**

Je cède le passage à droite.

Je cède le passage à gauche et à droite.

Je passe.

Je suis sur la route à caractère prioritaire : je passe.

Les autres usagers ne connaissent peut-être pas l'ordre de passage. **J'adopte le principe de prudence**, je me prépare à céder le passage même si le panneau indique que je bénéficie de la priorité.
Cette situation se produit rarement.

Risque : subir une collision latérale avec un véhicule si son conducteur n'a pas compris la règle.

Si le feu fonctionne normalement, je ne tiens pas compte du panneau.

Je sais quel comportement adopter, même lorsque le feu est en panne, afin d'éviter la confusion dans l'intersection.

L SIGNALISATION > AUTRES FEUX

Ce véhicule souhaite tourner à droite.

- Il peut s'engager :
  - A > OUI
  - B > NON
- Il doit céder le passage à gauche :
  - C > OUI
  - D > NON

FEUX TRICOLORES SPÉCIAUX

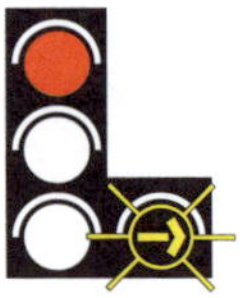

Je peux suivre la direction indiquée malgré le feu rouge, si :
- je suis placé dans la voie permettant de suivre cette direction,
- je cède le passage aux piétons,
- je cède le passage aux véhicules circulant sur la chaussée abordée.

Risque : renverser un piéton en train de traverser si je ne contrôle pas avant de m'engager.

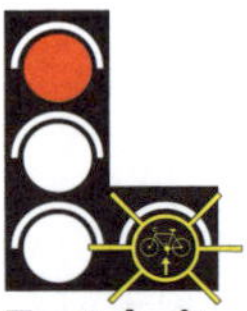

Tout droit cycliste

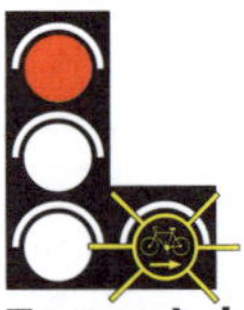

Tourne-à-droite cycliste

Quand le feu clignotant comporte un vélo, il ne concerne que les cyclistes.

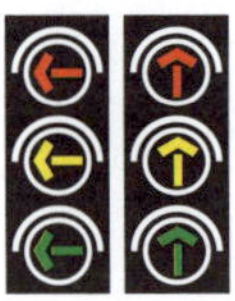

Je tiens compte du feu correspondant à la direction que je souhaite suivre.
Flèche verte pour aller à gauche : je passe sans céder le passage en face.

Ils concernent uniquement la catégorie représentée : bus ou cyclistes.

FEUX SPÉCIAUX

Feux d'affectation de voies

Ils sont placés à l'approche de tunnels, de ponts ou de postes de péage. Ils permettent de **modifier le nombre de voies** affectées à un sens de circulation en fonction du trafic ou des circonstances (travaux, accident).

Voie fermée ou poste de péage fermé

Je dois me rabattre vers la voie indiquée

Voie ouverte ou poste de péage ouvert

Feu jaune clignotant

Il **attire l'attention sur un danger** particulier pour inciter à ralentir.

Feu rouge clignotant

Il **impose l'arrêt**. Il peut être placé à hauteur des passages à niveau, ponts mobiles, aérodromes, traversées de voies de tramway, de bus en site propre...

- **Pont mobile**
  Les feux rouges clignotent et des barrières s'abaissent avant la manœuvre du pont.

- **Zone de danger aérien**
  Les feux rouges clignotent et, quand la circulation aérienne est intense, des barrières peuvent s'abaisser pour protéger le passage des avions.

Je respecte l'ordre de passage dicté par les feux, afin d'éviter tout conflit avec les autres usagers qui circulent dans l'intersection.

LES VITESSES MAXIMALES

À partir du panneau, la vitesse est limitée à :

A > 20 km/h

B > 30 km/h

C > 50 km/h

VITESSES EN VILLE

Règle générale

- Le panneau d'**entrée d'agglomération** limite la vitesse à **50 km/h** (et interdit l'usage du klaxon).

Cas particuliers

30 dans toute la ville

- Placé sous le panneau d'entrée, la limitation s'applique à l'ensemble de l'agglomération.

70 dans la rue seulement

- Une limitation à 70 km/h peut être implantée sur une section de route importante. (C'est le cas sur le bd périphérique parisien.)

Zones où la vitesse est réduite

Aire piétonne
Allure du pas pour les véhicules autorisés

Zone de rencontre
20 km/h

Zone 30
30 km/h

Risque : ne pas respecter ces vitesses particulières mettrait en danger les usagers vulnérables, très présents dans ces zones.

			A*
N 16 VILLE	50	50	50
N171 FIN DE VILLE	80**	80	80
4 voies à chaussées séparées	110	100	100
	130	110	110

* Limitations de vitesse pour les élèves conducteurs et les conducteurs en période probatoire pendant 3 ans (2 ans pour ceux issus de la conduite accompagnée).

** Vitesse limitée à 90 km/h sur les sections de routes comportant au moins 2 voies affectées à un même sens de circulation.

Si la visibilité est inférieure à 50 m (temps de brouillard par exemple), la vitesse est limitée à 50 km/h quel que soit le type de route.

Risque : plus la vitesse est élevée, plus les risques d'accidents sont importants et leurs conséquences graves.

VITESSES SUR ROUTE

80

- 2 voies à double sens
- sur les 3 voies à double sens, lorsqu'une seule voie est affectée à un sens de circulation, seule cette voie est limitée à 80 km/h.

90

- créneau de dépassement sur les 3 voies à double sens
- 4 voies à double sens sans terre-plein central (configuration rare)

110

- route à sens unique (chaussées séparées par un terre-plein central)
- route à accès réglementé à sens unique

CONDUCTEURS NOVICES

Pendant les trois premières années qui suivent l'obtention du permis probatoire (cette durée est ramenée à deux ans pour ceux qui ont pratiqué l'apprentissage anticipé de la conduite), les conducteurs novices sont soumis à des limitations de vitesses restrictives et ils apposent un autocollant (A) sur l'arrière gauche de la carrosserie de leur véhicule. Les vitesses maximales sont :

- 80 km/h sur les routes à double sens hors agglomération,
- 100 km/h sur les routes à chaussées séparées,
- 110 km/h sur les autoroutes.

Le respect des limitations permettrait de sauver chaque année environ 900 vies.

L SAVOIR ADAPTER SA VITESSE

La situation me permet d'atteindre la vitesse réglementaire :

A > OUI

B > NON

ADAPTATION À LA RÉGLEMENTATION

Limitations de vitesses restrictives

Une limitation de vitesse peut-être imposée (30 km/h par exemple) pour des raisons de sécurité : manque de visibilité, proximité d'habitation, distance nécessaire pour s'arrêter en cas d'obstacle non visible...

- Je tiens compte du panneau lorsqu'il indique une limitation de vitesse plus restrictive. Par exemple : si la vitesse est limitée à 90 au lieu de 110 km/h sur une chaussée à sens unique, la vitesse maximale est de 90 km/h par temps sec comme par temps de pluie.

- Ce panneau indique une **vitesse conseillée**. Cela permet de réguler le trafic.

Section de route à vitesse régulée

La section à vitesse régulée permet de fluidifier le trafic. Lorsque c'est nécessaire (fort trafic, accident...), le panneau à messages variables (PMV) s'allume.

- Le PMV est **allumé** : je respecte la limitation de **vitesse restrictive** jusqu'au panneau de fin.
- Le PMV est **éteint** : la limitation de **vitesse générale reste inchangée**.

Risque : même si je ne suis pas en excès de vitesse, ma vitesse peut être excessive.

ADAPTATION À L'ENVIRONNEMENT

J'adapte ma vitesse aux circonstances :

- la configuration des lieux (virage, descente rapide, route glissante, intersection...),
  Exemple : si un feu est vert depuis longtemps, je ralentis à son approche pour m'arrêter à temps s'il passe au jaune.
- la visibilité (intempéries, nuit). Je dois pouvoir m'arrêter dans la zone de visibilité,
- les panneaux de danger,
- la traversée de lieux-dits. Le panneau de lieu-dit n'impose pas de vitesse particulière, mais la présence d'habitations doit m'inciter à ralentir.

ADAPTATION AUX SITUATIONS

- La présence d'autres usagers : j'adopte un comportement prudent envers les autres usagers, notamment les plus vulnérables (piétons, cyclistes, personnes âgées, enfants...). Je tiens compte de leur déplacement possible pendant le temps qui me sépare d'eux (zone d'incertitude).
- Les croisements, dépassements d'usagers vulnérables : je réduis l'allure pour éviter de surprendre ou gêner.
- La circulation en files : je n'essaie pas de slalomer entre les files.

CONTRÔLES de vitesse

- **Radar pédagogique**. Il indique aux conducteurs leur vitesse mais ne verbalise pas. Il annonce parfois un radar automatique. S'il n'indique aucune vitesse, c'est qu'il ne fonctionne pas.

- **Radar automatique**. Il peut être annoncé par un radar pédagogique, par un panneau, ou ne pas être annoncé. En cas d'infraction, un avis de contravention est envoyé au titulaire du certificat d'immatriculation. Ces radars sont implantés sur les axes où la vitesse des automobilistes est inadaptée et le risque d'accident connu.
- **Radar tronçon**. Il calcule la vitesse moyenne du véhicule sur une portion de route.

- En présence de ce panneau, la vitesse peut être contrôlée par un radar tronçon, ou bien par un ou plusieurs dispositifs de contrôle automatisé, sur toute la distance indiquée par le panonceau.

L RISQUES LIÉS À LA VITESSE

L'augmentation de la vitesse fait augmenter :

- la distance d'arrêt
  - A > OUI
  - B > NON
- la gravité des accidents
  - C > OUI
  - D > NON

POURQUOI LES RISQUES AUGMENTENT AVEC LA VITESSE ?

Les limitations de vitesse ont été fixées à partir de l'observation scientifique des limites de l'individu (perception visuelle, temps de réaction, résistance aux chocs, etc.) et du véhicule (distance de freinage, résistance, etc.).

Plus la vitesse augmente :

- plus les distances d'arrêt augmentent,
- plus les risques d'accident augmentent,
- plus la gravité des accidents est grande,
- plus la fatigue s'installe,
- plus le champ de vision diminue,
- plus la consommation de carburant augmente,
- plus l'usure des pneus augmente.

Nota : une forte différence de vitesses entre usagers aggrave les conséquences d'un accident.

La distance d'arrêt de mon véhicule ne doit pas dépasser la distance qui est visible devant moi (par exemple dans les virages, sommets de côte, ou la nuit).

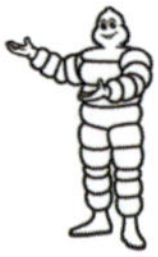

Pour conduire en sécurité, je suis capable d'évaluer ma vitesse et de l'adapter aux situations. Je conserve toujours une distance de sécurité d'au moins 2 secondes, qui me permettra de réagir à temps pour éviter un accident. Je visualise devant moi l'espace qui correspond à ma distance d'arrêt. .

LES FORCES

L'énergie cinétique

C'est l'énergie accumulée par la vitesse du véhicule.

- En règle générale, cette énergie est dissipée par le freinage. **En cas de choc, elle est dissipée par la déformation du véhicule.**
- Cette énergie augmente avec le carré de la vitesse, **vitesse x 2 = énergie cinétique x 4.** Une collision à 100 km/h est 4 fois plus violente qu'à 50 km/h.

La force centrifuge

C'est la force qui pousse le véhicule vers l'extérieur dans les virages.

- **Plus la vitesse est élevée, plus cette force se fait ressentir.**
- Cette force augmente également si le véhicule est chargé ou si le virage est serré.

Risque : sortie de route, dérapage, retournement du véhicule.

Si je prends un virage à 80 km/h, la force qui pousse mon véhicule vers l'extérieur est 4 fois plus importante qu'à 40 km/h. Pour éviter une sortie de route, je ralentis avant le virage et j'agis doucement sur les commandes.

L'IMPRESSION DE VITESSE

Attention : l'impression de vitesse est souvent trompeuse car elle **dépend du bruit du moteur, du bruit de roulement des pneus, de la largeur de la chaussée, du paysage...**

Exemple : sur une route étroite bordée d'arbres, l'impression de vitesse est grande.

Risque : sous-estimer la vitesse :
- lorsque je quitte l'autoroute puisque j'ai roulé vite sur l'autoroute,
- lorsque le paysage est dégagé puisque je n'ai pas de repère de défilement,
- lorsque j'ai bu de l'alcool, consommé des stupéfiants, etc.

L POSITION SUR LA CHAUSSÉE

Je suis bien placé :

- **en marche normale**

A > OUI
B > NON

- **pour dépasser la voiture**

C > OUI
D > NON

SE PLACER EN MARCHE NORMALE

- **Je circule dans la voie la plus à droite** de la direction que je souhaite suivre.
- Sur les chaussées à 3 voies en sens unique, la voie centrale sert à dépasser.
La voie de gauche sert uniquement si les deux autres voies sont encombrées. Pour fluidifier la circulation, elle est interdite aux véhicules de plus 7 m de long et aux véhicules de plus de 3,5 t, qui roulent plus doucement.

- Sur les 3 voies à double sens, la voie centrale est réservée aux dépassements et changements de direction (tourne-à-gauche). Il est interdit d'utiliser la voie la plus à gauche.

Si chacun est à sa place sur la chaussée, les risques d'accident sont diminués.

VOIES RÉSERVÉES

- **Je ne circule pas dans ces voies.** Je peux les traverser si je change de direction, après avoir contrôlé l'absence d'autres usagers.

Voie réservée aux bus

Bande ou piste cyclable obligatoire

Voie pour véhicules lents (réservée aux véhicules circulant à 60 km/h et moins)

FILES DE VÉHICULES

- **Je reste dans ma file** sauf si je change de direction. Lorsqu'une file circule plus vite que l'autre, ce n'est pas considéré comme un dépassement.
- Dans certains départements, les motards peuvent circuler en inter-files sur les routes à chaussées séparées. Je serre à droite ou à gauche de ma voie pour faciliter leur circulation. Je vérifie dans mon rétroviseur et je contrôle les angles morts avant tout changement de file. J'évite les manœuvres brusques et j'actionne le clignotant avant de changer de file.

Risque : je vérifie les angles morts avant de changer de file.

SE PLACER EN VIRAGE

- Avant d'aborder un virage, il faut adapter sa vitesse en fonction de la visibilité, du rayon de la courbe, de la largeur de la chaussée et de l'état du sol.

- Avant le virage, je me place à l'extérieur afin d'augmenter ma visibilité. Dans le virage je serre l'axe central, tout en restant dans ma voie. Puis je termine le virage en reprenant ma place dans la voie.

L CHANGER DE DIRECTION

Je suis bien placé pour :

- **aller tout droit**

A > OUI

B > NON

- **prendre la voie de gauche**

C > OUI

D > NON

S'INSÉRER DANS LA CIRCULATION

À partir d'un lieu privé ou d'une aire de stationnement

- Je contrôle, je cède le passage et j'actionne le clignotant.

À partir d'une voie d'insertion

- Je contrôle l'absence d'autres usagers (rétroviseurs et angles morts[1]) et j'actionne le clignotant.
- J'atteins une vitesse proche de celle des véhicules circulant sur la chaussée principale.
- Je cède le passage. Je ne suis pas obligé d'attendre la fin de la voie pour m'insérer.

Risque : à vitesse élevée, un simple accrochage peut créer un accident grave.
Je vérifie TOUJOURS dans l'angle mort avant de m'insérer.

[1] Angle mort : zone de vision masquée. Pour la combattre, je dois faire un contrôle direct, en tournant la tête

RÈGLES GÉNÉRALES

Observer	Vérifier	Avertir	Ralentir	Se placer
la signalisation (autorisation de tourner)	devant, dans les rétroviseurs et les angles morts	avec les clignotants	en adaptant l'allure à la situation	en serrant à droite ou à gauche dans ma voie

L'APPROCHE DES INTERSECTIONS

À l'approche des intersections

- **Je serre le côté de la voie où je vais tourner.** Pour tourner à gauche, dans une rue à sens unique, je serre à gauche de la chaussée.

Flèches directionnelles

- **Je suis les indications des flèches.** Je me place sur la voie la plus à droite de ma direction.
- **Si cette voie est occupée,** je peux me placer sur une autre voie affectée à ma direction.

CHANGER DE DIRECTION

Avant de tourner à droite, je cède le passage au cycliste :

A > OUI

B > NON

TOURNER À DROITE

Je me place dans la voie la plus à droite, sauf s'il s'agit d'une voie réservée.

Je regarde dans l'angle mort en vision directe.

Risque : un usager peut être présent sur la voie réservée.

Risque : un deux-roues peut se faufiler entre mon véhicule et le trottoir.

Je cède le passage aux piétons dans la rue à droite.

Risque : un piéton peut traverser dans la rue à droite.

Je contrôle toujours à gauche ET À DROITE.

Risque : Un véhicule peut dépasser sur la chaussée principale.

Je tiens compte des autres usagers.
Je communique mes intentions suffisamment tôt pour ne surprendre personne.

TOURNER À GAUCHE

- **Je m'assure que j'en ai le droit.** Si une ligne stop fait toute la largeur de la chaussée, la rue est en sens interdit.
- Je ne suis pas prioritaire : **je cède le passage en face.**

Prévention MACIF

Attention aux angles morts

Soyez particulièrement attentif aux autres usagers qui pourraient vous dépasser sur la droite lorsque vous tournez à gauche. C'est une circonstance d'accident impliquant régulièrement les deux-roues (vélo, deux-roues motorisés, trottinette électrique...).

Double sens

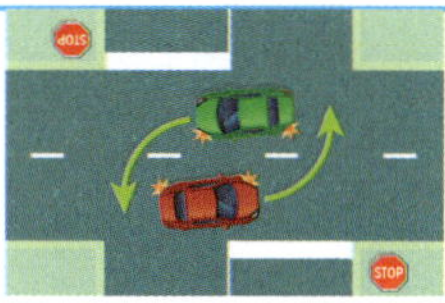

- Je serre la gauche de ma voie et je passe derrière le véhicule arrivant en face.
- Sur les chaussées à 3 voies, je me place dans la voie centrale (interdiction d'emprunter la 3e voie).

Sens unique

- Je serre à gauche de la chaussée.
- En présence de flèches directionnelles, je me place sur la voie indiquant la gauche.

Voie de stockage et indonésienne

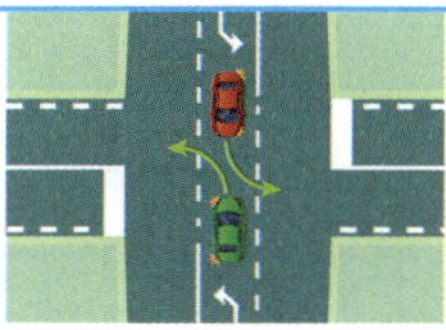

- Je me place dans la voie centrale le plus tôt possible. Je ne reviens pas sur la voie de droite.
- Indonésienne : si un véhicule en face veut tourner, on passe l'un devant l'autre. S'il masque la visibilité, j'attends qu'il passe avant de m'engager.

TRAVERSER UNE VOIE RÉSERVÉE

Risque : heurter un bus ou un cycliste circulant dans la voie réservée si l'on ne tourne pas la tête pour regarder dans l'angle mort.

- Je cède le passage aux bus ou aux cyclistes avant de franchir une voie réservée pour tourner.
- Parfois, un damier matérialise la voie réservée dans l'intersection. J'évite de rester immobilisé dessus.

L OÙ ET COMMENT STATIONNER

Dans cette rue, je stationne directement :

- **à droite**

  A > OUI B > NON

- **à gauche**

  C > OUI D > NON

Arrêt : immobilisation du véhicule afin de permettre la montée ou la descente de passagers, le chargement ou le déchargement du véhicule.

Je reste à proximité du véhicule pour le déplacer si nécessaire.

Stationnement : immobilisation du véhicule dès que je n'effectue aucune des opérations caractérisant l'arrêt.

Rappel : l'usage du clignotant est obligatoire pour s'arrêter ou sortir d'un stationnement, même sans usager visible.

TYPES DE STATIONNEMENTS

En créneau :
le long du trottoir.

En épi :
en marche avant ou en marche arrière en fonction du sens de circulation.

En bataille :
perpendiculairement à la chaussée, de préférence en marche arrière.

Risque : en stationnant en marche avant, je risque de percuter un enfant en sortant de la place car je ne le vois pas en reculant.

MACIF **Prévention**

Le stationnement

Le stationnement peut s'avérer une manœuvre difficile surtout si l'emplacement est étroit. Les aides à la conduite dont disposent désormais certains véhicules (radar, caméra de recul et système de stationnement automatique) facilitent les manœuvres mais ne remplacent pas la vigilance indispensable du conducteur.

OÙ ME STATIONNER ET M'ARRÊTER ?

En agglomération

- **Sur les emplacements,** s'il y en a.
- Sur la chaussée le long du trottoir.
- Toujours **dans le sens de circulation** (rue à sens unique = à droite ou à gauche ; double sens = à droite).

Risque : en stationnant à gauche, je traverse deux fois la voie de gauche, ce qui augmente le risque d'accident. La visibilité est mauvaise en sortant.

Hors agglomération

- Autant que possible **en dehors de la chaussée** (accotement[1] praticable...).
- Sinon, sur la chaussée (mais cela est fortement déconseillé) dans le sens de la circulation.

MACIF **Prévention**

Le stationnement

Lorsque vous sortez de votre véhicule, soyez attentifs aux autres usagers (vélo, deux-roues...) : vérifiez toujours les rétroviseurs et angles morts avant d'ouvrir la portière.
Incitez vos passagers à sortir côté trottoir pour plus de sécurité.

STATIONNER LA NUIT

J'éteins tous les feux :
- en dehors de la chaussée,
- sur chaussée éclairée en agglomération.

J'utilise les feux de position ou de stationnement côté chaussée :
- sur la chaussée (sauf en agglomération éclairée).

Signalisation précisant le stationnement

Stationnement réservé aux véhicules dont le PTAC est inférieur à 3,5 t.

Je stationne aux endroits autorisés afin de ne pas créer de gêne ou de mise en danger des autres usagers.

[1] Accotement : partie d'une route située entre la limite de la chaussée et le début du talus ou remblai. L'accotement ne fait pas partie de la chaussée.

L STATIONNEMENT RÉGLEMENTÉ

Sur cet emplacement,
le stationnement est :

- payant

A > OUI   B > NON

- à durée limitée

C > OUI   D > NON

En respectant les règles du stationnement, je permets une bonne rotation des voitures stationnées et une meilleure régulation du trafic.

Payant
Après avoir payé à un horodateur, un ticket m'est délivré. Il indique la durée du stationnement autorisé. Je place le ticket en évidence derrière le pare-brise.

Contrôlé par disque (gratuit)
Je place derrière le pare-brise un disque de stationnement indiquant mon heure d'arrivée. La durée de stationnement autorisée est précisée sur un panonceau.

Unilatéral à alternance semi-mensuelle
Je stationne d'un côté de la rue, puis de l'autre (en fonction de la date et des numéros d'habitations). Je change de côté le 15 et le dernier jour du mois, entre 20h30 et 21h.

Stationnement interdit
Je n'ai pas le droit de stationner.

Des panonceaux peuvent préciser la règle du stationnement

- L'interdiction concerne uniquement les transports de marchandises.

- L'interdiction s'applique entre 10 h et 18 h.

- Stationnement réservé aux véhicules d'autopartage

- Stationnement réservé aux véhicules électriques.

- L'interdiction s'applique dans toute l'agglomération.

- L'interdiction s'applique avant et après le panneau.

Dans une RUE

L'interdiction ou le stationnement réglementé prennent fin à la prochaine intersection.

Dans une ZONE

(partie d'agglomération ou ensemble de rues)

L'interdiction ou le stationnement réglementé s'appliquent entre les panneaux d'entrée et de sortie de zone.

Interdit du 1er au 15 du côté du panneau

Interdit du 16 au 31 du côté du panneau

- **1re quinzaine (du 1er au 15) :** stationnement côté impair des maisons.
- **2e quinzaine (16 au 31) :** stationnement côté pair des maisons.

L ARRÊTS ET STATIONNEMENTS INTERDITS

Transportant une personne à la jambe plâtrée :

- je m'arrête sur ces emplacements
  A > OUI B > NON
- je stationne sur ces emplacements
  C > OUI D > NON

ARRÊT ET STATIONNEMENT INTERDITS

À partir du panneau et jusqu'à la prochaine intersection.

Le long de la ligne.

L'arrêt et le stationnement sont également interdits :

- sur les **emplacements réservés** (bus, taxi, véhicules d'autopartage),
- sur les **voies réservées** (voie de bus, bande ou piste cyclable, chemin obligatoire pour piétons).

Risque : obliger un usager vulnérable (comme un cycliste) à quitter sa voie réservée au risque de se faire heurter par une voiture.

ARRÊT ET STATIONNEMENT RÉSERVÉS

Arrêt et stationnement **réservés aux véhicules des personnes en situation de handicap** titulaires d'une carte de stationnement.

Je n'utilise jamais ces places, même si toutes les autres places sont occupées et même pour un court arrêt.

STATIONNEMENT INTERDIT, MAIS ARRÊT TOLÉRÉ

À partir du panneau et jusqu'à la prochaine intersection.

Le long de la ligne.

L'arrêt est également toléré :

- devant les entrées de garage,
- en double file[1],
- sur les emplacements réservés aux véhicules de livraison,
- devant les dispositifs destinés à la recharge des véhicules électriques.

Risque : en stationnant sur ces emplacements : empêcher les usagers d'accéder ou de sortir de leur place. En faisant simplement un arrêt, je peux déplacer ma voiture à tout moment.

Dans certaines villes, il existe des places de livraison partagées :

- **Places partagées** : je peux y stationner la nuit entre 20h et 7h, les dimanches et jours fériés.

- **Places réservées** : je ne peux jamais y stationner.

Je connais les endroits où il est interdit de s'arrêter et de stationner. Ainsi, je ne risque pas d'être verbalisé, ni de gêner les autres usagers.

[1] Double file : arrêt le long d'une file de véhicules stationnés.

ARRÊTS ET STATIONNEMENTS INTERDITS

À droite :

- je m'arrête

A > OUI B > NON

- je stationne

C > OUI D > NON

ARRÊT ET STATIONNEMENT DANGEREUX

Il est dangereux d'immobiliser son véhicule la nuit, sans feux, sur chaussée non éclairée et lorsque la visibilité est insuffisante, notamment **à proximité** :

- des intersections,

- des passages à niveau,

Risque : mon véhicule masque l'intersection, ce qui peut entraîner une collision entre deux véhicules arrivant au carrefour.

- des virages,

- des sommets de côte.

Risque : un usager me voit au dernier moment et percute mon véhicule.

ARRÊT ET STATIONNEMENT GÊNANTS

Un arrêt est interdit car gênant ou très gênant :

■ Aux endroits **réservés aux autres usagers** (voie de bus, bande cyclable, voie pour véhicules lents, trottoir - même à cheval sur le trottoir -, aire piétonne, emplacement de taxis...),

■ À proximité des feux et panneaux de signalisation,

Risque : masquer la signalisation aux autres usagers.

■ À hauteur d'une ligne continue,
■ sur les ponts, passages souterrains et tunnels,

■ Sur une distance de 5 mètres en amont des passages piétons (en dehors des emplacements matérialisés),

■ Si je gêne un accès à un véhicule stationné, à une bouche d'incendie, à une installation souterraine,

■ Sur les bandes d'arrêt d'urgence, sauf en cas de nécessité.

Même lorsqu'aucune signalisation n'interdit l'arrêt, je dois connaître les endroits où il serait gênant, voire dangereux de s'arrêter.

STATIONNEMENT ABUSIF

Il est interdit de stationner plus de 7 jours consécutifs au même endroit. Une réglementation locale peut imposer une durée inférieure.

Risque : peine encourue : mise en fourrière du véhicule.

L SAVOIR SE CROISER

Dans cette montée, je cède le passage :

A > OUI

B > NON

RÈGLES GÉNÉRALES

Le croisement d'un autre véhicule se fait par la droite. Je ralentis et serre à droite pour éviter tout risque d'accrochage.

OBSTACLES sur la chaussée

Celui qui rencontre l'obstacle doit céder le passage en face.

Risque : si un usager force le passage, je le laisse passer pour éviter un accident.

Sur le prochain croisement, je dois céder le passage.

Je bénéficie de la priorité de passage par rapport à la circulation en sens inverse. Je ralentis si la visibilité est mauvaise.

Véhicules ENCOMBRANTS

Sur une route étroite, le véhicule de plus de 2 m de large ou de plus de 7 m de long doit faciliter le passage aux usagers plus petits.

Exception : les transports en commun en agglomération.
C'est à moi de m'arrêter si nécessaire pour leur faciliter le passage.

Risque : provoquer une collision pour ne pas avoir assez serré à droite ou ne pas avoir suffisamment ralenti.

CROISEMENTS EN PENTE

Croisements difficiles

Priorité au véhicule montant :
si je descends, je dois m'arrêter à temps le premier pour faciliter le passage.

Risque : s'engager lorsque l'on n'est pas prioritaire oblige l'usager en face à faire une manœuvre compliquée.

Croisements impossibles

Je tiens compte du gabarit des véhicules.
Si le croisement est impossible, un des deux véhicules doit reculer.

Le véhicule descendant recule quand les deux véhicules sont de même gabarit, sauf si le véhicule montant dispose d'un espace pour se garer.

Le véhicule unique recule face au véhicule attelé.

Le véhicule léger recule face au véhicule lourd.

Le camion recule face à l'autocar.

Je respecte l'ordre de passage pour éviter tout accrochage. Même si j'ai la priorité, je ne force pas le passage si l'usager en face est déjà engagé.

L LES CONDITIONS DU DÉPASSEMENT

La signalisation autorise le dépassement du deux-roues :

A > OUI

B > NON

Je dépasse :

C > OUI

D > NON

RÈGLES GÉNÉRALES

Un dépassement se fait par la gauche, sans dépasser la limitation de vitesse.

Risque : provoquer une collision frontale en dépassant sans respecter toutes les conditions.

Conditions pour dépasser

- La **signalisation** autorise le dépassement.
- J'ai une bonne **visibilité** (je ne dépasse pas en présence d'un virage ou d'un sommet de côte, si un véhicule masque la visibilité...).
- Je ne suis pas sur le point **d'être dépassé.**
- Je peux **me rabattre** sans risque.
- Je n'aborde pas une **intersection** où je dois céder le passage.
- Je ne risque pas de **gêner** un autre usager (véhicule qui dépasse, espace insuffisant pour se rabattre entre deux véhicules, piéton qui traverse...).

Je tiens compte de tous les éléments avant de décider de dépasser.

NOTA : si le véhicule devant roule à 60 km/h, en roulant à 80 km/h, il faut un espace libre vers l'avant d'au moins 500 m.

LES PANNEAUX

Je ne peux pas dépasser,
sauf les véhicules à deux-roues sans side-car[1].

Les véhicules de transport de marchandises de plus de 3,5 t ne peuvent pas dépasser.

Je ne dépasse pas à l'approche d'un passage à niveau sans barrière.

Je ne dépasse pas à l'approche d'une intersection où je dois céder le passage.

Exception : je peux dépasser un deux-roues à hauteur d'une priorité à droite.

LES MARQUAGES

- **Ligne continue** : je ne la franchis pas sauf en cas de force majeure (obstacle fixe). Je ne la chevauche pas sauf pour dépasser un cycliste si la visibilité est suffisante.

- **Ligne mixte** : je la franchis uniquement si la ligne discontinue est de mon côté.

- **Flèches de rabattement** : (habituellement au nombre de 3) si elles sont dans mon sens de circulation, je me rabats à droite. Je n'entame pas un dépassement.

- **Ligne de dissuasion** : je dépasse uniquement les véhicules circulant lentement si la visibilité est bonne.

NOTA : si je tracte une caravane et que je circule dans une voie pour véhicules lents, la signalisation de voie pour véhicules lents n'interdit pas le dépassement.

[1] Side-car : moto possédant une troisième roue permettant d'ajouter un "panier" généralement destiné à transporter un ou plusieurs passagers.

L DÉPASSEMENT > MARCHE À SUIVRE

Dans cette situation :

A > je ralentis

ou

B > je garde la même allure

ÊTRE DÉPASSÉ

- **Je serre à droite** pour avoir un espace latéral suffisant.
- **Je conserve la même allure** pour ne pas gêner, ni surprendre l'usager qui dépasse.

Je ralentis uniquement en cas d'urgence. Exemple : si un véhicule arrive en sens inverse, je ralentis pour permettre au véhicule qui dépasse de se rabattre en sécurité.

Risque : provoquer une collision frontale entre deux usagers sur la voie de gauche en ayant accéléré alors que j'étais dépassé.

Sur chaussée étroite, les véhicules de plus de 2 m de large ou de plus de 7 m de long doivent ralentir et au besoin se garer pour faciliter le dépassement d'un véhicule plus rapide.

AVANT LE DÉPASSEMENT

- Je vérifie que le **dépassement est autorisé** (voir les règles générales page 66).

- Je contrôle **rétroviseurs** et **angle mort** pour vérifier qu'aucun véhicule ne s'y trouve.
- J'avertis en actionnant le **clignotant** gauche.
  Je peux faire un appel lumineux la nuit et je peux utiliser le klaxon si le véhicule précédent circule au milieu de la chaussée.

PENDANT LE DÉPASSEMENT

- **J'augmente l'allure** en respectant la limitation de vitesse.
- **Je conserve un espace latéral suffisant.** Pour dépasser un piéton ou un 2 ou 3 roues, je laisse au moins 1 m en ville et 1,50 m hors agglomération.

APRÈS LE DÉPASSEMENT

- **Je contrôle** dans le rétroviseur intérieur, je dois voir le véhicule en entier.
- **J'avertis** avec le clignotant droit (même si ce n'est pas obligatoire).
- **Je me rabats** progressivement en maintenant une distance de sécurité suffisante.

Risque : faire une "queue de poisson" et surprendre l'usager dépassé en se rabattant trop tôt (lorsque le véhicule est visible uniquement dans mon rétroviseur droit).

Je respecte la procédure de dépassement pour ne pas gêner ou créer de danger.

L DÉPASSEMENTS PARTICULIERS

Je dépasse ces voitures en restant sur cette voie :

A > OUI

B > NON

Dépasser PAR LA DROITE

- Je dépasse par la droite uniquement si :

> le **véhicule qui précède tourne à gauche,**

> la **place est suffisante** pour dépasser.

NOTA : remonter par la droite une file ininterrompue de véhicules n'est pas considéré comme un dépassement.

Dépasser LA NUIT

- J'utilise correctement les feux pour ne pas éblouir :

> je reste en **feux de croisement** quand je suis **derrière** le véhicule,

> je passe en **feux de route** quand je suis **à sa hauteur** (si personne ne se trouve devant).

Je dépasse uniquement si je suis certain que toutes les conditions de sécurité sont réunies.

Dépasser PLUSIEURS VÉHICULES

- Je dépasse plusieurs véhicules en une seule fois si **l'espace vers l'avant est suffisant** et si **je peux me rabattre** sans gêner.

Risque : des triangles à l'arrière d'un véhicule signalent une remorque (véhicule plus long à dépasser).

Dépasser DES USAGERS VULNÉRABLES

- Pour dépasser piétons, cavaliers, animaux, 2 ou 3 roues, je maintiens un espace latéral d'au moins **1 m en agglomération**, et **1,50 m hors agglomération**.

Risque : les déstabiliser ou les heurter suite à un écart de leur part.

Dépasser quand la VISIBILITÉ EST RÉDUITE

- Je dépasse même si la visibilité est réduite :

> si je circule sur une chaussée à **sens unique**,
> si je circule sur une 3 ou 4 voies et qu'une **ligne continue** me sépare de la circulation venant en sens inverse.

Dépasser à hauteur d'une INTERSECTION PRIORITAIRE

- **Je dépasse à hauteur d'une intersection où je bénéficie de la priorité**. Je m'assure que les autres usagers ont compris mon intention et respectent la priorité.
- Dépasser à hauteur d'un passage à niveau muni de barrières ou demi-barrières est déconseillé, surtout s'il s'agit d'un deux-roues qui peut être déstabilisé et tomber sur les rails.

Neige et verglas

- **Il est interdit de dépasser un engin de service hivernal en action.**

L DISPOSITIONS LÉGALES

> AUTO-TESTS

1 Le compteur de ma voiture indique 30 km/h :

A > Je ralentis

B > Je maintiens cette allure

2 Ici, à 50 km/h, la vitesse est plutôt :

A > adaptée

B > inadaptée et dangereuse par rapport à la situation

3 Je circule à 47 km/h. La vitesse est adaptée à la situation :

A > OUI

B > NON

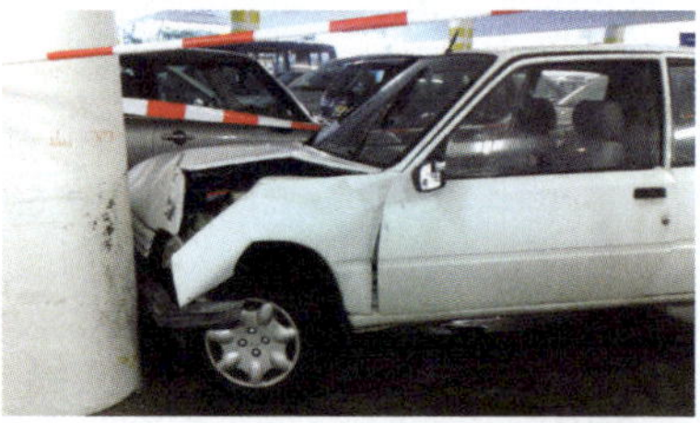

4 À 100 km/h, un choc frontal est :

A > 16 fois plus violent qu'à 25 km/h

B > 4 fois plus violent qu'à 50 km/h

C > 4 fois plus violent qu'à 25 km/h

D > 2 fois plus violent qu'à 50 km/h

5 J'avertis et je dépasse :

A > OUI

B > NON

6 Conducteur de la voiture grise, pour aller tout droit :

A > j'attends que l'agent me fasse signe pour m'engager

B > je m'arrête, puis je m'engage

C > je m'engage avec précaution sans m'arrêter

7 Je circule sur une route à caractère prioritaire :

A > OUI B > NON

Je bénéficie de la priorité de passage à la prochaine intersection :

C > OUI D > NON

8 Je suis bien placé pour tourner à droite :

A > OUI

B > NON

9 Sur l'espacement libre à droite :

A > je dépose un passager

B > je stationne

C > l'arrêt est interdit

10 À 32 km/h,

• la vitesse maximale autorisée est respectée

A > OUI B > NON

• je ralentis

C > OUI D > NON

Réponses aux tests en pages 246 et 247

> ESSENTIELS

RÈGLES DE CIRCULATION

- Le respect de la signalisation et des règles de priorité est essentiel pour permettre le partage de la route en sécurité.
- En marche normale, je circule sur la voie de droite et je n'utilise pas les voies réservées aux autres usagers.

VITESSE

- La vitesse hors agglomération est limitée à 80 km/h sur routes à double sens comportant 2 voies, 90 km/h sur les créneaux de dépassement des routes à double sens comportant 3 voies ou plus, 110 km/h sur routes à chaussées séparées par un terre plein central. Les vitesses sont réduites pour les conducteurs novices.
- La vitesse doit être adaptée en fonction de la réglementation, de l'infrastructure, de l'environnement, des situations, etc.

CROISEMENTS ET DÉPASSEMENTS

- En cas de croisement difficile, je ralentis et je serre à droite.
- Avant de dépasser, je m'assure que : la visibilité est bonne, personne n'arrive en face, la signalisation autorise le dépassement, personne ne me dépasse, je ne risque pas de gêner un autre usager.

C

LE CONDUCTEUR

Effets de l'alcool

C LA PRISE D'INFORMATION

Mon regard se porte vers les véhicules stationnés :

A > OUI

B > NON

OÙ PORTER LE REGARD ?

En conduisant, je ne peux pas lire tous les indices en même temps. Un conducteur expérimenté mettra moins de temps qu'un conducteur novice à prendre les indices, les analyser et les traiter au mieux.
Dans les zones à risques, je me prépare à m'arrêter si nécessaire. Je surveille le comportement des autres, même s'ils doivent me céder le passage. Plus la vitesse est élevée, moins je dispose de temps pour détecter chaque indice.

Risque : **en circulant le long de véhicules stationnés, des portières risquent de s'ouvrir, des véhicules risquent de sortir de leur stationnement, des piétons risquent de surgir : je porte mon regard vers ces véhicules.**

La nuit, lorsque je croise d'autres usagers, je m'oblige à diriger le regard loin devant du côté droit (vers l'accotement) afin d'éviter l'éblouissement.

Je regarde loin, sans fixer mon regard. Je balaye la chaussée et ses abords pour détecter les indices importants et éviter d'être surpris. Pour voir tout autour, j'utilise les rétroviseurs et je regarde dans les angles morts.

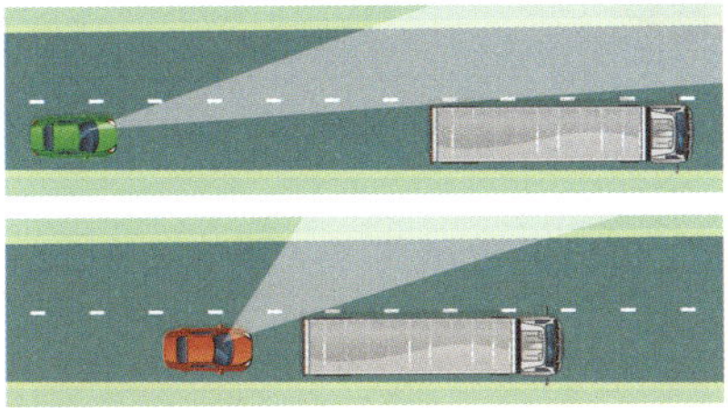

■ Pour bien voir devant, je garde des distances de sécurité d'au moins 2 secondes, voire davantage si nécessaire.

■ Pour améliorer ma vision, je peux modifier légèrement ma position sur la chaussée tout en restant dans ma voie de circulation. Cela peut être nécessaire lorsque je souhaite dépasser un camion.

LES RÉTROVISEURS

Les rétroviseurs se règlent à l'arrêt. Je ne dois pas avoir à me pencher pour voir correctement dedans. Ils sont indispensables pour s'engager dans la circulation, avant de changer de voie, avant de modifier l'allure, etc. Je contrôle le rétroviseur droit avant de m'engager dans un giratoire pour vérifier la présence éventuelle de cycliste.

LES ANGLES MORTS

Risque : un usager placé dans ces angles morts risque d'être heurté. Pour éviter l'accident, je fais un contrôle en vision directe.

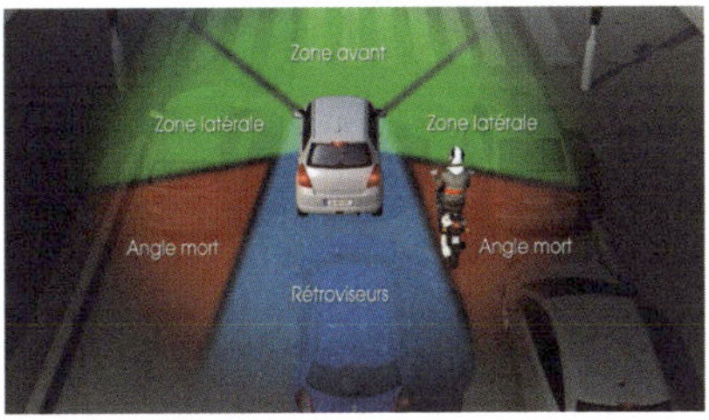

Attention, on ne peut pas tout voir dans les rétroviseurs. Certains endroits ne sont pas visibles si l'on ne se retourne pas. Ce sont les angles morts.
Ainsi, avant tout changement de direction, je me retourne pour contrôler la présence d'usagers dans ces angles morts.
Des rétroviseurs mal réglés augmentent la taille des angles morts.

C LES ZONES DE DANGER

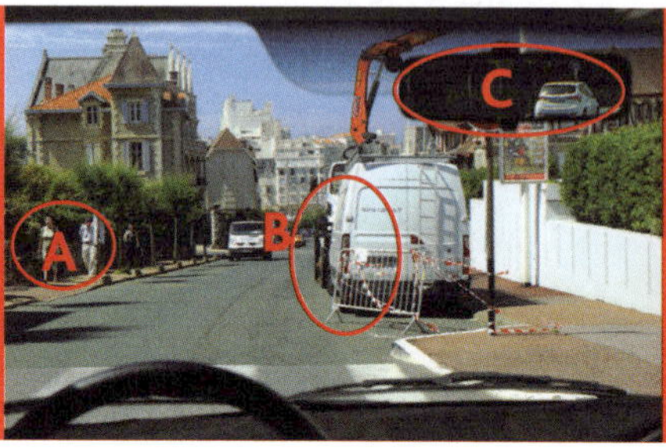

La zone de danger à surveiller principalement est :

A > zone A

B > zone B

C > zone C

Les zones de danger sont par exemple les endroits qui se trouvent en dehors de mon champ de vision, les zones cachées où je risque de rencontrer un danger potentiel et les zones où je risque de croiser la trajectoire d'un autre usager.

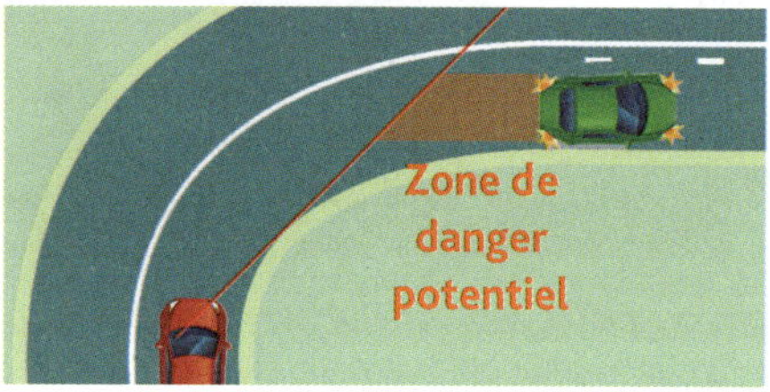

Cela peut être :
- dans une intersection,
- à la sortie d'un virage,
- au niveau d'une sortie de chantier,
- après un sommet de côte,
- dans une nappe de brouillard,
- derrière un camion ou un bus,
- au-delà du faisceau lumineux de mes feux la nuit, etc.

Risque : à la sortie d'un virage, il peut y avoir un piéton qui traverse ou une voiture arrêtée par exemple. Dans ces zones, je risque d'être en vitesse excessive, même si je ne suis pas en excès de vitesse.

Comment agir dans les zones de danger ?

Je ralentis et je place le pied face au frein, afin de réduire mon temps de réaction et ma distance d'arrêt. De plus, ralentir permet de faciliter l'analyse de la situation.
Je peux être amené à m'arrêter même quand je bénéficie de la priorité de passage, si l'autre usager ne m'a pas vu arriver.

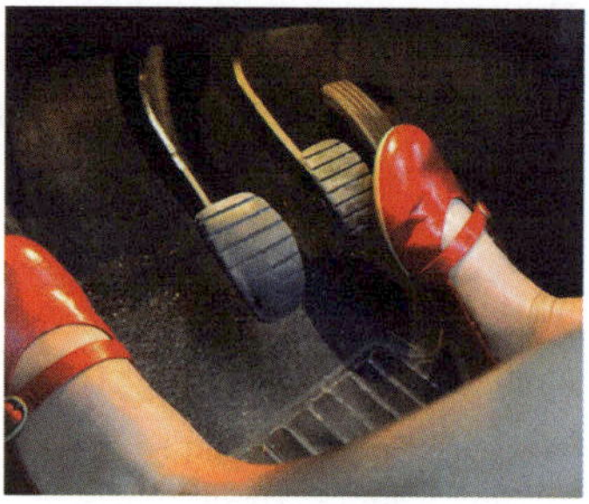

La zone d'incertitude

C'est la zone dans laquelle les autres usagers risquent de se déplacer durant le temps qui me sépare d'eux quand je suis en voiture.
Les piétons et cyclistes peuvent rapidement changer de trajectoire. Ils créent des zones d'incertitude.

> **MACIF**
> **Prévention**
> **Une concentration constante**
>
> Téléphoner en conduisant multiplie par 3 le risque d'accident : limitez la durée de vos appels en annonçant que vous êtes au volant. Afin de rester réactif, faites des pauses de 15 minutes toutes les 2 heures sur un long trajet.

En prévoyant les actions des autres usagers, je peux éviter l'accident. En présence de ces usagers, je me prépare à m'arrêter à temps.

Les zones d'incertitude sont différentes en fonction des types d'usagers :
Piétons : tout autour d'eux. Au niveau d'un passage pour piétons, je ne reprends pas mon accélération trop tôt : un piéton peut faire demi-tour rapidement.
Rollers : plus loin devant eux.
Cyclistes : devant et sur les côtés s'ils tombent.
Voiture en circulation : devant et sur les côtés en diagonale.
Voitures arrêtées : sur les côtés si une portière s'ouvre.
Caravanes : devant et sur les côtés si elle oscille en roulant.
Véhicules encombrants : au niveau de leur porte-à-faux lorsqu'ils tournent.

Des situations à risque

- Un piéton au téléphone risque de ne pas porter attention à la circulation. Je m'arrête dès qu'un piéton manifeste l'intention de traverser.
- Les motards venant en sens inverse et qui dépassent d'autres véhicules, risquent d'empiéter sur ma voie de circulation. J'adapte ma trajectoire ou mon allure si nécessaire.
- Je surveille le comportement des usagers sortant de leur garage. Un manque de visibilité peut masquer ma présence.
- Sur les carrefours à sens giratoire, je ne me place pas à la même hauteur que les véhicules lourds. En effet, leur porte à faux et leur encombrement risquent de les faire empiéter sur les autres voies.

J'analyse chaque indice afin d'agir rapidement et de prendre les bonnes décisions.

C L'ATTITUDE À L'ÉGARD DES AUTRES

Mon ami conduit la voiture devant :

A > je le suis

ou

B > je m'arrête

LA PRESSION DES PAIRS ET DES AUTRES USAGERS

Mes pairs sont les personnes qui risquent d'avoir une influence sur mon comportement : amis, relations proches, etc.

Mon passager me dit que j'ai le temps de passer avant que le feu ne passe au rouge. Je ne mets pas nos vies en danger pour avoir l'air cool. **Je m'arrête** !

Je circule à la vitesse maximale et l'usager derrière fait des appels lumineux : je n'ai pas à accélérer et à commettre une infraction pour lui faire plaisir. **Il attendra !**

Dans une voiture, je ne dois me laisser influencer ni par mes passagers ni par les autres usagers de la route.
Je suis responsable des autres et c'est à moi seul de prendre les décisions.

L'ANTICIPATION

Anticiper c'est faire l'hypothèse de l'évolution possible d'une situation, faire «comme si...» et agir en conséquence.
En conduite, je dois savoir analyser les distances et le temps restant. Lorsque c'est nécessaire, je place le pied devant la pédale de frein pour anticiper. En prenant en compte les autres usagers et ce qu'ils risquent de faire dans les prochaines secondes, je limite les risques d'accident et je limite l'usure mécanique du véhicule.

Visibilité
Je ralentis en tenant compte de la visibilité. J'essaie de voir le regard des autres conducteurs pour m'assurer qu'ils m'ont vu.

Intersection encombrée
Lorsque des véhicules sont à l'arrêt juste après une intersection, je ne m'avance pas jusqu'à eux si cela risque de bloquer la circulation des usagers venant des autres branches de l'intersection.

Dépassement
Je m'assure d'avoir une visibilité suffisante, que personne ne me dépasse, qu'aucun usager ne risque de s'insérer sur la chaussée pendant le dépassement.

Feux de recul
Si je vois des feux de recul allumés sur un véhicule devant, qu'il soit en circulation ou en stationnement, je me prépare à m'arrêter si nécessaire. Le conducteur risque de ne pas m'avoir vu.

Piétons proches de la chaussée
Ils sont peu visibles. Je dois repérer leur présence. Si des enfants ou un groupe de piétons sont proches de la chaussée, je me décale sur la gauche de ma voie. Je me prépare à m'arrêter si nécessaire.

Approche de passage pour piétons
Sur une route à deux voies dans mon sens, un piéton sur un passage pour piétons peut être masqué par une autre voiture. Si je vois un véhicule freiner dans la voie située à côté de la mienne, j'adapte l'allure pour m'arrêter à mon tour si nécessaire.

Cyclistes
Avant de dépasser un cycliste, je m'assure qu'il ne risque pas de se déporter sur la gauche à cause de travaux ou d'autres usagers.

Une conduite souple permet de privilégier l'anticipation. Elle est gage de sécurité, et d'économies : plus je détecte tôt un ralentissement, plus je peux avoir recours à la décélération et moins je consomme.

C LES MOYENS DE COMMUNICATION

Je klaxonne :

A > OUI

B > NON

Je communique pour me faire comprendre et pour permettre aux autres usagers d'adapter leur conduite à la situation.

CLIGNOTANTS

Je les utilise dans tous les cas où **je change de trajectoire, de direction, de voie, de file, je quitte ou prends un stationnement, je dépasse, j'évite un obstacle**...
L'usage des clignotants est obligatoire. Ne pas les utiliser pour indiquer un changement de direction peut être sanctionné d'une amende et d'un retrait de 3 points.

Risque : actionner un clignotant pour changer de file ne donne pas la priorité.
Je cède le passage et vérifie que j'ai été compris avant d'effectuer une manœuvre.
Conserver un clignotant alors qu'on ne tourne pas augmente le risque d'accident.

FEUX STOP

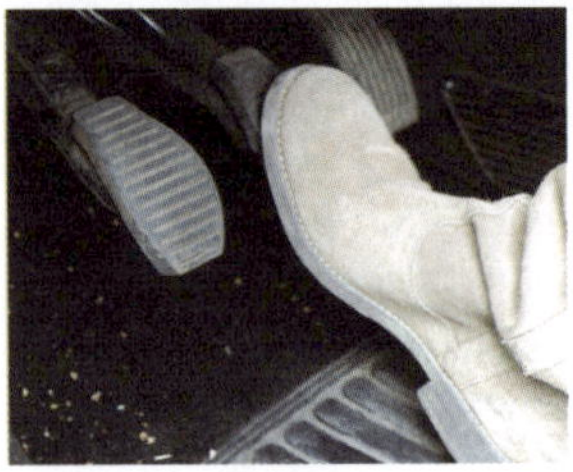

Je fais des appels de feux stop, en appuyant par intermittence sur la pédale de frein, pour **avertir les usagers qui me suivent d'un ralentissement**.

Risque : avec des feux stop en panne : l'usager qui me suit ne voit pas lorsque je freine, il risque de m'emboutir par l'arrière.

APPELS LUMINEUX

Je fais un appel lumineux :

- pour **avertir** les conducteurs arrivant en sens inverse **d'un danger,**
- pour avertir les autres usagers **de ma présence la nuit, avant une intersection, un virage ou un sommet de côte,**
- pour avertir un conducteur arrivant en face qu'il est resté en feux de route et **m'éblouit**.

KLAXON

Je l'utilise :

- **hors agglomération le jour,** pour **avertir de mon approche** à hauteur d'une intersection ou d'un virage sans visibilité,
- **en agglomération et la nuit en cas de danger immédiat uniquement.**
  Je n'utilise pas le klaxon pour faire part de mon mécontentement.

Risques : Klaxonner sans danger immédiat est passible d'une amende.
Si un usager ne respecte pas la priorité mais que j'ai le temps de le laisser passer, je ne klaxonne pas je mets le pied face au frein.

FEUX DE DÉTRESSE

J'actionne les feux de détresse lorsque :

- je suis le **dernier d'une file fortement ralentie** ou d'une file arrêtée formant un bouchon,
- je circule à une **allure anormalement réduite** (ennui mécanique...),
- mon **véhicule est immobilisé** suite à une panne ou à un accident.

Risque : me faire percuter par l'arrière par un automobiliste n'ayant pas vu le ralentissement.

- Avec un **geste** de la main je remercie ou fais signe de passer.
- Avec un **regard** je m'assure d'avoir été vu.
- Avec un **sourire** je remercie.
- Un bon **placement sur la chaussée** participe à une bonne communication de mes intentions de direction.

Les vitres opaques à l'avant limitent la communication entre les conducteurs, ce qui peut être source de malentendus.

C LA DISTANCE D'ARRÊT

La distance de freinage dépend :

- A > de la vitesse du véhicule
- B > de l'adhérence de la chaussée
- C > du temps de réaction

En circulation, les conditions changent sans cesse, évoluent. Je dois pouvoir m'arrêter lorsque c'est nécessaire. Si j'ai mal évalué les distances de freinage et d'arrêt, si ma vitesse est trop grande ou si l'adhérence est mauvaise, je risque de ne pas m'arrêter à temps. A 60 km/h au lieu de 50, la distance d'arrêt est augmentée d'environ 10 m.

On confond souvent distance de freinage et distance d'arrêt. C'est une erreur, car on oublie alors la distance parcourue durant le temps de réaction. À 50 km/h, je parcours plus de distance pendant le temps de réaction que pendant la phase de freinage.

	30	50	70	80	90	110	130
Distance parcourue pendant le temps de **RÉACTION**	9 8	15 14	21 19	24 22	27 25	33 30	39 36
Distance parcourue pendant le **FREINAGE**	4	12	24	32	40	60	83
Distance d'**ARRÊT**	12	25 26	49 43	64 54	81 65	121 90	169 119

En noir : la distance approximative en mètres (Réaction : dizaine de la vitesse x 3)
(Arrêt : dizaine de la vitesse x dizaine de la vitesse)
En rouge : la distance réelle

TEMPS DE RÉACTION

Le temps de réaction dépend de la forme du conducteur.

C'est le temps qui s'écoule entre ma perception de l'information et mon action sur les commandes. Il dure en moyenne **une seconde**.

Risque : le temps de réaction est augmenté si je suis distrait, fatigué, sous l'emprise d'alcool ou de drogue ou de certains médicaments.

Pendant le temps de réaction : je perçois l'information, je l'analyse, je décide de l'action à accomplir... et mon véhicule continue d'avancer à la même vitesse. Lorsque je rencontre une situation de conduite pour la 1ère fois, je mets plus de temps à réagir. De plus, avec un nouveau véhicule, la méconnaissance des équipements peut entraîner un allongement du temps de réaction.

DISTANCE DE FREINAGE

La distance de freinage dépend de la vitesse et de l'adhérence.

MACIF

Prévention

Le freinage d'urgence

Optez pour un freinage dégressif et n'hésitez pas à appuyer très fort sur la pédale pour actionner l'ABS.

C'est la distance comprise entre le début du freinage et l'arrêt complet du véhicule. Aucun véhicule ne peut s'arrêter sur place, même à faible vitesse.

Risque : lorsque la vitesse double, la distance de freinage est multipliée par quatre.

Lorsque l'adhérence est réduite (gravillons, boue...), la distance de freinage est allongée. Sur chaussée mouillée, elle est multipliée par deux. Sur le verglas, l'adhérence est quasiment nulle.

DISTANCE D'ARRÊT

C'est la distance totale parcourue entre la détection d'une information et l'arrêt du véhicule.

L'INTERVALLE DE SÉCURITÉ

Je maintiens un intervalle de sécurité de 2 secondes quelle que soit ma vitesse :

[A] > OUI

[B] > NON

Risque : si je circule trop près de la voiture qui me précède et qu'elle freine brusquement, je ne pourrai pas m'arrêter à temps, je vais la percuter. Le non-respect des distances de sécurité peut entraîner une amende.

La distance de sécurité est la distance minimale à conserver avec le véhicule qui me précède quand je circule à la même vitesse que lui.

Cette distance permet :

- d'avoir le temps d'agir en cas de situation inattendue (éviter un obstacle, éviter une collision en cas de freinage brusque...),
- de compenser un temps de réaction variable (distraction, fatigue...),
- d'améliorer la visibilité vers l'avant.

Je contrôle régulièrement la distance de sécurité vers l'arrière à l'aide des rétroviseurs. Si un usager me suit de trop près, je peux : augmenter l'intervalle avec le véhicule qui précède, accélérer dans la limite de la réglementation et de la situation, faciliter le dépassement...

Je maintiens un intervalle de sécurité d'au moins 2 SECONDES quelle que soit la vitesse à laquelle je circule. A l'arrêt, je conserve également un espace de sécurité devant moi.

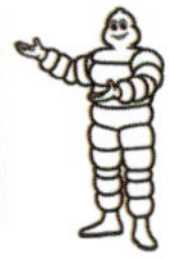

L'intervalle de sécurité permet d'éviter une collision en cas de freinage brusque par exemple.

Il doit être au moins égal à la distance parcourue en deux secondes.

Il permet au conducteur d'avoir le temps d'agir en cas d'imprévu et de compenser un temps de réaction variable (distraction, fatigue...).

En présence de ce panneau, je dois conserver une distance de sécurité au moins égale au nombre indiqué, quelle que soit ma vitesse.

ÉVALUER l'intervalle de sécurité en roulant

Sur autoroute à 130 km/h : je dois voir deux traits de la bande d'arrêt d'urgence entre mon véhicule et celui qui me précède.

Quand le véhicule devant est à la hauteur d'un repère (arbre, poteau...) **je dis "une se-con-de, deux se-con-des" en détachant chaque syllabe.** La distance est suffisante si je n'ai pas encore atteint le repère à la fin de la phrase.

CALCULER la distance de sécurité

Je multiplie le chiffre des dizaines de la vitesse par 6 (*soit la distance parcourue en 1 seconde et multipliée par 2 pour les 2 secondes de distance*) :

5 x 6 = **30 m**
Distance réglementaire 28 m

8 x 6 = **48 m**
Distance réglementaire 45 m

11 x 6 = **66 m**
Distance réglementaire 62 m

13 x 6 = **78 m**
Distance réglementaire 73 m

Tenir compte de l'ADHÉRENCE

Si l'adhérence est mauvaise : distance de freinage augmentée et risque d'aquaplanage. **Je dois augmenter la distance de sécurité et adapter la vitesse**.

Risque : la distance de sécurité doit également être augmentée :
- si la visibilité est mauvaise car je risque de voir plus tard un obstacle,
- si je suis fatigué et sous l'emprise de médicaments car mon temps de réaction sera allongé,
- dans les tunnels si un panneau ou les diodes bleues l'imposent.

ALCOOL > CONSÉQUENCES

Il faut environ une heure pour éliminer une alcoolémie de :

A > 0,10 g/ de sang

B > 0,50 g/l de sang

C > 1 g/l de sang

85 % des accidents mortels causés par l'alcool sont dus à des buveurs occasionnels, soirées de week-end notamment. La première cause d'accidents mortels est l'alcool (environ un tiers des accidents).

LES DOSES

- Dans les débits de boissons, bars, restaurants, etc. les doses d'alcool sont standardisées. C'est-à-dire que chaque verre d'alcool servi contient la même dose d'alcool (10g d'alcool pur).
- Il y a donc autant d'alcool dans un verre de vin que dans un apéritif, un digestif ou une bière. Chacune de ces boissons donnera le taux d'environ 0,25 g par litre de sang.
Attention : les bières peuvent être servies en 50 cl, équivalant alors à 2 verres.

25 cl de bière =

10 cl de vin =

3 cl de whisky **= 10 g d'alcool**

Risque : en doses "maison", la quantité d'alcool dans les verres est très souvent plus importante qu'en doses "bar". Dans ces conditions, compter le nombre de verres consommés pour estimer son taux d'alcool n'est pas fiable.

On atteint environ 0,50 g/l de sang après 2 verres d'alcool. Le pic d'alcoolémie[1] est atteint après environ **1 heure si on a mangé** et **30 minutes si on est à jeun**.

[1] Alcoolémie : quantité d'alcool pur contenue dans 1 litre de sang.

LES EFFETS

Prévention
L'alcool en soirée

Privilégiez l'alcool zéro lorsque vous conduisez. Organisez en amont votre retour, privilégiez les transports en commun ou taxis en cas de consommation, ou la conduite par une personne sobre.

Risque : les personnes alcoolisées sont souvent persuadées de pouvoir conduire sans problème car l'alcool donne un sentiment d'euphorie.

Les effets se font sentir dès le premier verre d'alcool (environ 0,20 g/l de sang) : allongement du temps de réaction, baisse de l'attention, équilibre perturbé, somnolence, excès de confiance en soi, sensibilité aux éblouissements, réduction du champ visuel, mauvaise évaluation des distances...

L'ÉLIMINATION

Le foie élimine 95 % de l'alcool.
On élimine en moyenne **0,10 à 0,15 g/ litre en 1 heure. Il faut donc plus de 2h30 pour éliminer un verre d'alcool.**
Seul le temps permet d'éliminer l'alcool. Boire de l'eau, une boisson énergisante, du café, danser... ne permet pas de diminuer le taux d'alcool.

JEUNES ET ALCOOL

- Chez les conducteurs de 18 à 24 ans, la présence d'alcool est détectée dans de nombreux accidents graves, notamment les nuits des week-ends.
- La lutte contre l'alcool au volant chez les jeunes peut se faire grâce à la désignation d'un capitaine de soirée.
- En 1re année de permis probatoire, en consommant un seul verre d'alcool avant de conduire, je risque d'être en infraction et de perdre mon permis (retrait de 6 points donc invalidation).

Chez les 18-24 ans, l'alcool est présent dans un quart des accidents mortels.

Si un conducteur a trop bu et que je suis sobre, je peux prendre le volant à sa place, l'inciter à prendre un taxi ou à dormir sur place.

La conduite, pendant le délai probatoire, avec un taux de 0,10 mg/l d'air entraîne la perte :

A > de 3 points

B > de 4 points

C > de 6 points

LES TAUX D'ALCOOL

Risque :
La conduite sous l'emprise de l'alcool multiplie le risque d'être responsable d'un accident mortel par environ 18.

L'alcoolémie, c'est-à-dire la quantité d'alcool dans l'organisme, se mesure de deux façons : en gramme par litre de sang (g/l), ou en milligramme par litre d'air expiré (mg/l).

Exemple : 0,50 g/l de sang = 0,25 mg/l d'air expiré.

- Je suis en **infraction** dès **0,20 g/l** de sang si je suis conducteur novice.
- Hors du délai probatoire, je suis en **infraction** dès **0,50 g/l** de sang.
- Je commets un **délit** dès **0,80 g/l** de sang.

En cas d'infraction :
- retrait de 6 points,
- forte amende,
- rétention immédiate du permis pour 120 heures au plus,
- véhicule immobilisé, sauf si un conducteur sobre peut conduire.

Pour une même quantité d'alcool absorbée, l'alcoolémie varie en fonction du poids et du sexe (le taux sera plus élevé chez une femme et chez une personne pesant moins lourd).

Un dépistage est obligatoire en cas d'accident mortel ou corporel, de non-respect de la priorité, dans plusieurs cas de délits routiers. **Un dépistage est possible** en cas d'accident matériel, d'infraction ou **de simple soupçon.**

LES TESTS DE DÉPISTAGE

Les forces de l'ordre procèdent d'abord à un dépistage à l'aide d'un éthylotest.

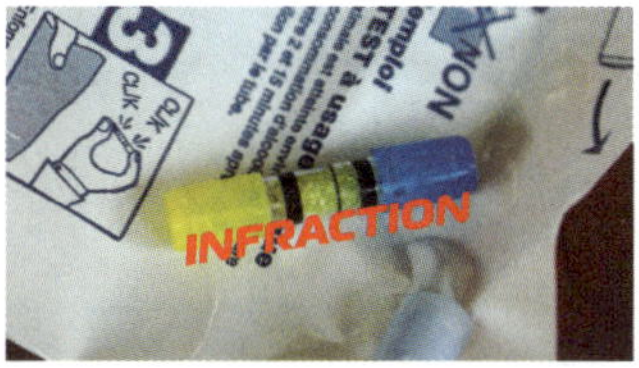

Avec un **éthylotest chimique**, le conducteur est en infraction lorsque le réactif chimique contenu dans le tube devient vert au contact de l'alcool. Attention : en période probatoire, il faut utiliser un éthylotest spécifique.

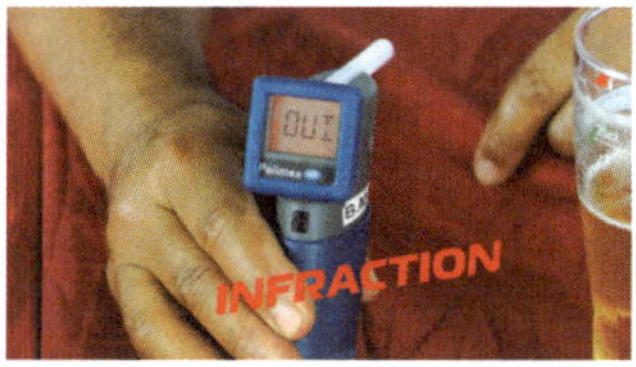

Avec un **éthylotest électronique**, le conducteur expérimenté est en infraction à partir de 0,25 mg par litre d'air expiré.

LA MESURE EXACTE DU TAUX

Si le dépistage est positif, l'agent doit effectuer une mesure précise avec un éthylomètre, ou plus rarement avec une prise de sang (s'il n'est pas possible de faire autrement).

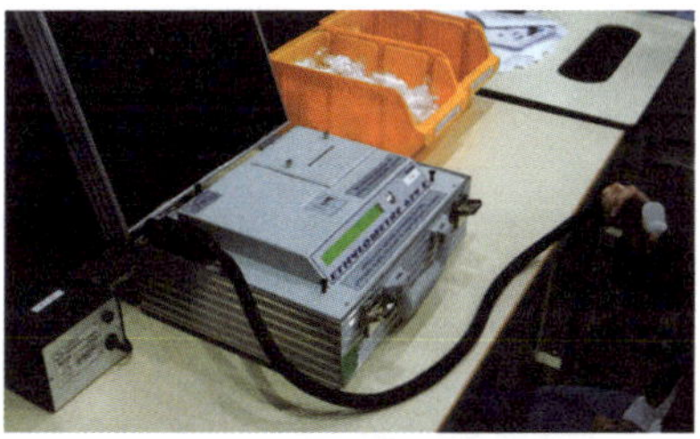

L'éthylomètre mesure précisément la concentration d'alcool dans l'air expiré.

La vérification est systématique quand le dépistage est positif ou en cas de refus de dépistage, d'ivresse importante, de blessures, de décès.

MACIF

Prévention

Testez-vous

Mieux vaut ne pas se fier aux sensations liées à l'alcool qui sont variables et subjectives. En cas de doute, notamment un lendemain de fête par exemple, testez votre alcoolémie en utilisant un éthylotest. Ce sera plus fiable ! Il est d'ailleurs conseillé d'en détenir au moins 2 dans son véhicule.

C MÉDICAMENTS ET STUPÉFIANTS

Ce type de médicaments a des effets sur le conducteur :

A > OUI B > NON

Il est dangereux de prendre le volant :

C > OUI D > NON

LES MÉDICAMENTS

La prise de médicaments a des **effets sur le système nerveux**.
Certains médicaments peuvent provoquer malaises, hallucinations, troubles de la vigilance...
Les médicaments qui risquent d'avoir des effets sur les capacités de conduite comportent l'un de ces **trois pictogrammes** : *(Attention : des médicaments de niveau 2 peuvent avoir des effets de niveau 3 sur certaines personnes.)*

Je m'informe et je lis la notice.

Je demande l'avis de mon médecin ou de mon pharmacien avant de conduire.

La conduite est dangereuse et très fortement déconseillée.

Risque : associer médicaments et alcool ou drogue augmente considérablement les risques.

MACIF

Prévention
Médicaments

Si vous prenez des médicaments, demandez conseil aux professionnels de la santé. Certains médicaments, même délivrés sans prescription médicale, peuvent diminuer la vigilance et provoquer des somnolences. Evitez les associations même en faible quantité avec l'alcool car les effets sont accentués.

Certains médicaments vendus sans ordonnance peuvent avoir des effets incompatibles avec la conduite.

LES STUPÉFIANTS

EFFETS

Les stupéfiants sont interdits et incompatibles avec la conduite.
La consommation de cannabis entraîne un ralentissement de la coordination des mouvements, un risque de somnolence...

Prévention – Le cannabis (MACIF)

La consommation de cannabis, même occasionnelle, est incompatible avec la conduite. Le cannabis s'élimine très lentement et on peut retrouver des traces et des effets même plusieurs jours voire plusieurs semaines après une consommation.

Consommer de la cocaïne provoque des erreurs de jugements, une conduite agressive...

- Au moins 4 % de décès routiers ont pour cause principale l'usage de stupéfiant par le conducteur.
- La polyconsommation alcool/cannabis multiplie par 29 le risque d'accident mortel.

CONTRÔLES

Un dépistage est obligatoire en cas d'accident mortel ou corporel.
Un dépistage est possible en cas d'accident matériel, d'infraction ou **de simple soupçon.**
Un élève et son accompagnateur, dans le cadre de la conduite accompagnée ou supervisée, peuvent être dépistés.

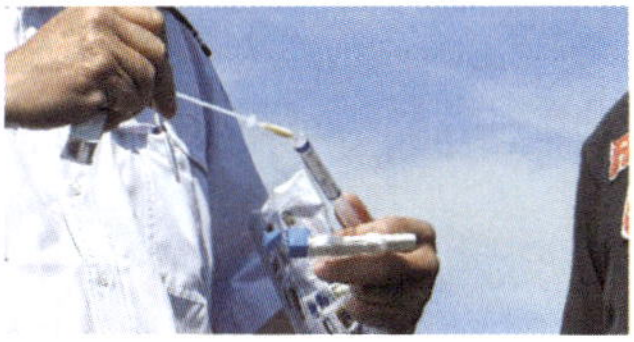

Le dépistage peut être effectué par **test urinaire ou test salivaire**. La plupart des stupéfiants sont détectables par tests salivaires.

Risque : des traces de cannabis peuvent être constatées plusieurs jours après consommation.

80 % des usagers positifs au dépistage de stupéfiants ont consommé du cannabis seul.

Si le dépistage est positif :

- voiture immobilisée si personne d'autre ne peut conduire,
- rétention immédiate du permis pour 120 heures au plus,
- vérification par prise de sang ou par second prélèvement salivaire,
- le conducteur a commis un **délit**. Il risque les mêmes sanctions qu'en cas d'alcoolémie de 0,80 g/l de sang (forte amende, retrait de 6 points, deux ans d'emprisonnement, ainsi que des peines complémentaires comme la confiscation du véhicule).

Si un conducteur a un accident après avoir consommé un produit stupéfiant, **les réparations de son véhicule ne sont pas prises en charge par l'assurance**, il perd le bénéfice de ses garanties complémentaires. L'assurance peut également résilier le contrat. Les personnes blessées lors de l'accident peuvent demander en justice des dommages et intérêts très importants.

Tous les stupéfiants et certains médicaments sont incompatibles avec la conduite. Je ne conduis pas sous l'emprise de substances psychoactives.

C LES RISQUES LIÉS À LA FATIGUE

Pour lutter efficacement contre la fatigue :

A > j'aère l'habitacle

B > j'écoute une musique forte

C > je fais une pause

D > je roule plus vite

> La fatigue résulte d'une activité. Elle survient après une phase de conduite, qui demande de traiter des informations, de prendre des décisions et d'agir.

Pour prévenir la fatigue :
je fais des pauses, je me détends.

> La somnolence est la conséquence d'un manque de sommeil.

Pour prévenir la somnolence :
je fais une sieste.

LES SIGNES DE LA FATIGUE

Il existe une série de signaux annonçant la fatigue. Il faut savoir les détecter rapidement.

- Le plus connu est le bâillement. Les yeux commencent à picoter, des douleurs dans le dos, la nuque et les épaules se font ressentir.
- Le conducteur fatigué devient facilement irritable et ressent l'envie de changer de position très souvent.

Quand les premiers signes de fatigue ou de somnolence se font ressentir je dois faire une pause, même s'il ne reste que quelques kilomètres à parcourir

C

CE QUI AGGRAVE LA FATIGUE

Le manque de sommeil pendant les nuits qui précèdent le départ favorisera l'apparition de la fatigue.
Un habitacle surchauffé et mal aéré favorisera l'apparition de la fatigue.

Risque : la fatigue est favorisée par un itinéraire monotone, un trafic dense, une vitesse élevée, une mauvaise installation...

LES IDÉES REÇUES

- "L'air frais revigore et suffit à supprimer la fatigue." ***FAUX***
- "Boire un café avant de partir permet de ne pas faire de pauses pendant le trajet." ***FAUX***
- "Mettre la musique plus fort évite la somnolence." ***FAUX***
- "Fumer une cigarette supprime la fatigue." ***FAUX***

MACIF **Prévention**
Fatigue

Soyez à l'écoute des signes de fatigue et ne cherchez pas à lutter. La conduite accentue les effets de la fatigue car elle exige une attention constante. Faites une pause de 15 minutes toutes les 2 heures voire avant selon votre état et les conditions de la route.

PRÉVENIR LA FATIGUE

Le conducteur doit partir reposé.
Il faut être bien installé au poste de conduite.
Prévoir un repas léger, bien sûr sans alcool.

Pour retarder l'apparition de la fatigue je fais des **pauses régulières**, y compris si je conduis dans le cadre d'une obligation professionnelle. À l'occasion de ces pauses, il faut : **ventiler le véhicule, marcher, faire des mouvements pour détendre les muscles, boire de l'eau pour être bien hydraté, prendre un café, et si nécessaire faire une sieste d'environ un quart d'heure.**

La seule solution lorsque je suis fatigué est de s'arrêter et de :

- **passer le volant à un conducteur reposé,**
- **ou dormir un peu.**

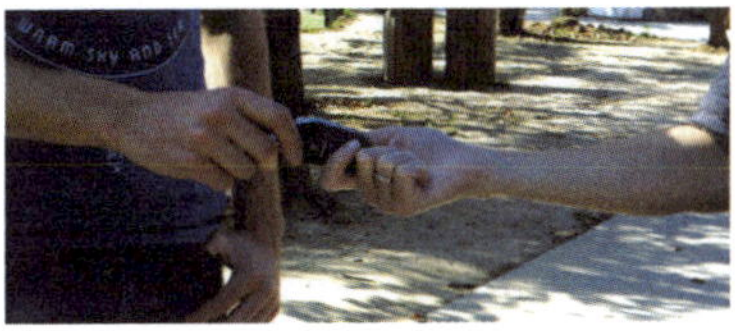

Il n'existe aucun moyen de dépistage de la fatigue comme pour l'alcool. Mais au volant, le risque d'accident mortel est très important.

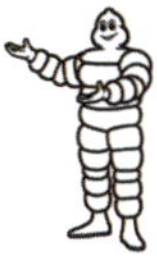

C LA BAISSE DE VIGILANCE

Il faut éviter de conduire entre :

[A] > 2h et 5h du matin

[B] > 17h et 19h

QU'EST-CE QUE LA VIGILANCE

La vigilance est le niveau d'éveil du conducteur.

Le niveau de vigilance est plus faible :

- entre **14 heures et 16 heures**,

- entre **2 heures et 5 heures** du matin.

J'évite de conduire durant ces périodes.

Risque : la vigilance peut être perturbée par d'autres facteurs comme la prise de médicaments, les soucis, ou encore le fait de conduire sur un trajet bien connu. La vigilance baisse sur autoroute lorsque les voies sont dégagées par beau temps.

C

DÉTECTER LA BAISSE DE VIGILANCE

La fatigue et la baisse de vigilance sont bien souvent étroitement liées. Elles altèrent nos facultés intellectuelles, notre concentration, notre attention.

Risque : la prise de risques est plus importante.
Le regard devient fixe.
Le conducteur risque de dévier de sa trajectoire.

Le corps envoie alors un certain nombre de signaux, comme :
- les bâillements répétés,
- des douleurs dans la nuque et dans le dos,
- les paupières lourdes,
- le picotement des yeux etc.
- Le conducteur devient irritable.

REMÉDIER À UNE BAISSE DE VIGILANCE

Pour éviter les baisses de vigilance :
- je pars **reposé**,
- je fais des **pauses** d'au moins un quart d'heure toutes les deux heures,
- j'évite de conduire aux horaires où la vigilance est moins bonne,
- je passe le volant à un conducteur reposé, dès les premiers signes de fatigue,
- je peux aussi faire une sieste.

La fatigue et la baisse de vigilance ont une incidence sur la qualité de la conduite. Je pars reposé, je fais des pauses régulières et je n'hésite pas à passer le volant à un autre conducteur

C L'INFLUENCE DES DISTRACTEURS

Un conducteur est dangereux dès qu'il lit un appareil de navigation plusieurs secondes :

A > OUI

B > NON

LA CHARGE MENTALE

Plus la tâche de conduite est complexe, plus l'attention doit être grande.
Si la charge mentale est trop importante au moment où l'activité de conduite se complique, le conducteur ne sera pas en mesure de traiter la situation, il risque l'accident.

Risque : pendant une conversation téléphonique, le temps de réaction est augmenté. Un conducteur concentré sur sa conversation est forcément moins concentré sur sa conduite.

SANS usage du téléphone

AVEC usage du téléphone

L'utilisation d'un téléphone en conduisant, quel que soit le système utilisé, augmente le risque d'accident. Le danger provient surtout de la distraction créée par la conversation.

USAGE DU TÉLÉPHONE

LA RÉGLEMENTATION

Il est interdit et puni d'une amende et d'un retrait de 3 points, de conduire :

- avec un téléphone tenu en main,
- avec un dispositif porté à l'oreille permettant d'émettre du son (kit mains libres, écouteurs, casques audio, etc.).

Utiliser les dispositifs intégrés au véhicule pour téléphoner n'est pas sanctionné. Le conducteur n'a alors rien ni dans les mains ni sur les oreilles. Pour appeler, j'utilise de préférence la commande vocale.

Risque : toutefois, en cas d'accident, un juge pourra retenir le fait de téléphoner comme une circonstance aggravante.

MACIF **Prévention**

Les dangers du téléphone

Limitez au maximum les conversations téléphoniques et informez vos interlocuteurs que vous êtes en train de conduire. Privilégiez le mode silencieux pour éviter les sollicitations. Attention, en cas d'accident, la conversation téléphonique (même en bluetooth) sera une circonstance retenue contre vous ! S'il s'agit d'un accident corporel, l'opérateur sera tenu de divulguer le journal détaillé des appels.

Être en conversation téléphonique reste déconseillé puisque la personne à qui l'on parle ne voit pas la situation de conduite et ne peut donc pas s'y adapter si la situation se complique.

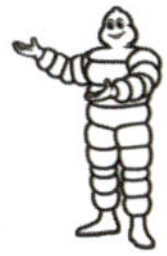

LES EFFETS DU TÉLÉPHONE EN CONDUITE

Téléphoner en conduisant entraîne une difficulté à maintenir le véhicule dans sa voie de circulation et une réduction de l'exploration visuelle.

USAGE DU GPS

Le GPS se règle avant le départ et non pendant la conduite.

Pendant la conduite, il faut environ deux minutes à un conducteur pour rechercher une adresse de navigation. Un tiers de ce temps est consacré aux validations visuelles, ce qui limite les prises d'information et rend la conduite moins sécuritaire.

En manipulant le GPS en conduite, je quitte la route des yeux pendant plusieurs secondes. Je risque de ne pas détecter un indice important et de dévier de ma trajectoire.

Mal paramétrer le GPS peut être une source de distraction.

C L'INFLUENCE DES DISTRACTEURS

La présence de passagers :

- risque de complexifier la tâche de conduite du conducteur

A > OUI B > NON

- peut augmenter le temps de réaction du conducteur

C > OUI D > NON

ENFANTS ET PASSAGERS

Les enfants demandent beaucoup d'attention, y compris en voiture. Il est dangereux de se contorsionner pour ramasser un "doudou" ou un jouet ou de se retourner pour parler. Un écart de trajectoire est vite arrivé. Le conducteur doit garder les yeux et l'esprit à la conduite. Si j'ai besoin de consoler mon enfant, je m'arrête.

Une discussion animée avec un passager peut concentrer l'attention du conducteur sur autre chose que sa tâche de conduite. Il est alors moins attentif et son temps de réaction est augmenté.

Un conducteur doit savoir rester calme afin de ne pas prendre de risque.

OCCUPATIONS ET PRÉOCCUPATIONS

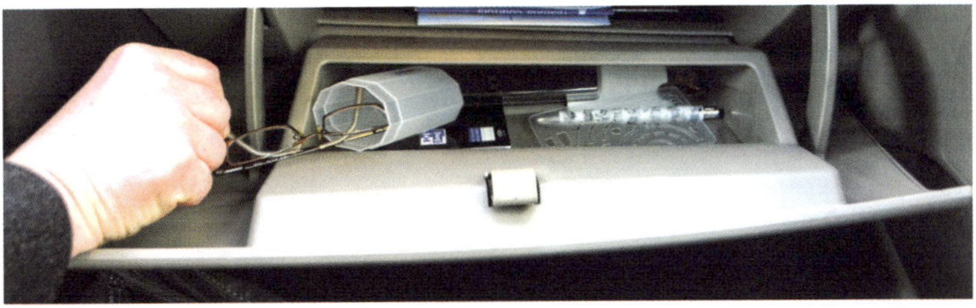

L'inattention peut provenir de ce que l'on fait dans l'habitacle : chercher un objet dans la boîte à gants, allumer une cigarette, ramasser quelque chose qui est tombé par terre, enlever son manteau ou enfiler un pull, consulter un agenda, chercher un morceau de musique...

Risque : à ce moment-là, si quelqu'un freine devant pendant que le regard du conducteur est ailleurs, il n'aura pas le temps de freiner suffisamment et risque de percuter le véhicule.

Les préoccupations mentales peuvent être diverses : anxiété, soucis financiers, amoureux, problèmes au travail... Tout cela perturbe la concentration du conducteur. Un conducteur perdu dans ses pensées ne pourra traiter que quelques informations élémentaires mais pas davantage.

Des affiches publicitaires ou des lieux remarquables peuvent perturber l'attention. Elles déconcentrent ponctuellement le conducteur en attirant le regard. Une musique forte risque d'empêcher d'entendre les bruits environnants comme un klaxon ou une sirène de pompier.
Fumer détériore la tâche de conduite et provoque un dépôt sur le pare-brise.

PRÉVENIR LES DISTRACTIONS

- Je m'arrête si je dois faire une autre activité.
- Je laisse le téléphone sur messagerie et je m'arrête dans un endroit sûr pour écouter le message et rappeler si nécessaire.
- Je peux demander à mon passager de répondre.
- Lorsque je passe un appel, je m'assure que mon interlocuteur n'est pas au volant en lui posant la question.
- Je me familiarise avant de partir avec les équipements du véhicule.
- Je règle le GPS avant le départ.
- Je prévois des occupations pour les enfants.
- Je n'oublie pas que la conduite est une activité à part entière, qui demande beaucoup d'attention et qui ne doit pas être combinée avec d'autres activités.

C SANTÉ ET CONDUITE

Si je dois porter des lunettes de vue pour conduire :

■ une mention est apposée sur mon permis

A > OUI B > NON

■ je fais vérifier ma vue régulièrement

C > OUI D > NON

LES ACCIDENTS

Le plus souvent, un accident de la route est dû à plusieurs causes. En supprimer une suffirait à éviter l'accident.

Les accidents de la route sont dûs à une défaillance humaine ou un refus de respect des règles dans environ 90% des cas.

LES MALADIES

La conduite d'un véhicule terrestre à moteur nécessite une aptitude physique, cognitive et sensorielle. Des troubles de la mémoire ou de l'attention augmentent les risques.

Une perte de connaissance peut être une cause d'inaptitude médicale à la conduite. Si je fais soudainement des malaises, **j'arrête de conduire en attendant un avis médical.**

Chez tous les conducteurs, un problème médical peut entraîner **une restriction ou une interdiction de conduire.** Si j'ai un problème médical incompatible avec la conduite :

- Je dois le déclarer sur mon formulaire de demande de permis.
- Si je suis déjà titulaire du permis, je dois prendre rendez-vous avec un **médecin agréé.**

Pour pouvoir contrôler mon aptitude à la conduite, le médecin que je consulte :
- doit être agréé par la préfecture,
- doit avoir suivi une formation spécifique sur la sécurité routière,
- ne doit pas être mon médecin traitant,
- peut me demander de pratiquer des examens complémentaires,
- peut me demander la liste des médicaments que je prends.

J'ai un problème médical nécessitant l'aménagement de mon véhicule : **je consulte le médecin agréé de mon choix, dans le département.** Par exemple : suite à la perte de l'usage d'un bras, je ferai aménager mon véhicule après avis du médecin agréé et un inspecteur du permis de conduire vérifiera mon aptitude à conduire.

Si je perds la vision d'un œil, avant de reprendre la conduite, je consulte un médecin agréé pour vérifier mon champ visuel.

Si je continue à conduire malgré une maladie incompatible avec la conduite, un pr qui s'inquiète pour moi peut en informer le préfet.

À la fin d'une période de **suspension de permis pour alcoolémie ou** pour conduite sous influence de **stupéfiants, la commission médicale** du département doit valider ma reprise de la conduite. Ils ont le droit de refuser de restituer mon permis de conduire.

LA VISION

Prévention
Les comportements sécuritaires

Faites vérifier régulièrement votre vue et soyez attentif à votre hygiène de vie. Ajustez vos trajets à votre état de santé.

Si je dois porter des lunettes de vue pour conduire, une mention est apposée sur mon permis. Je ne suis alors pas autorisé à conduire sans correction de la vision.

Pour conduire une voiture, l'acuité visuelle[1] doit être d'au moins **5/10e pour l'ensemble des deux yeux** (avec correction si nécessaire). Si un œil a une acuité inférieure à 1/10e, l'autre œil doit avoir au moins 5/10ème.

Le champ visuel doit être au minimum de 120°. Je peux être déclaré inapte à la conduite si mon champ de vision a diminué, même si mon acuité visuelle est de 10/10e.

La vision risque de baisser avec l'âge ou avec certaines maladies. Il faut la faire contrôler régulièrement.

CORRECTION

Si je dois porter une correction (lunettes ou lentilles) pour conduire, le **code 01 "dispositif de correction et/ou protection de la vision"** est apposé au verso du permis de conduire.

Risque : si je ne porte ni lunettes ni lentilles alors que mon permis comporte cette mention, je risque un retrait de points, une amende et l'immobilisation du véhicule. Je fais vérifier ma vue régulièrement par un spécialiste.

CHAMPS DE VISION

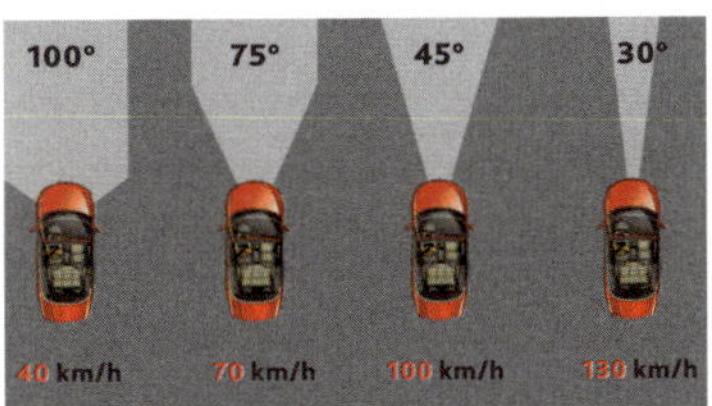

Plus la vitesse augmente, plus le champ de vision diminue. La vision centrale permet de voir loin. La vitesse provoque un effet tunnel.

À l'arrêt, notre champ de vision est de 180°. Mais à 70 km/h, il n'est plus que de 75°.

[1] Acuité visuelle : capacité à discerner les informations perçues par les yeux.

LE CONDUCTEUR

> AUTO-TESTS

1 Je garde la même allure :

A > OUI

B > NON

2 La quantité d'alcool dans un verre de vin de 10 cl est identique à celle d'un verre :

A > de whisky de 3 cl

B > de bière de 25 cl

C > de bière de 50 cl

3 La conduite sur autoroute en début d'après-midi est propice à l'hypovigilance :

A > OUI

B > NON

4 En cas de somnolence au volant :

A > je m'arrête 5 minutes

B > je mets la musique plus fort

C > je m'arrête et je fais une sieste

5 À 50 km/h, la distance parcourue pendant le temps de réaction :

est de 5 mètres :

A > OUI B > NON

est plus grande que la distance de freinage

C > OUI D > NON

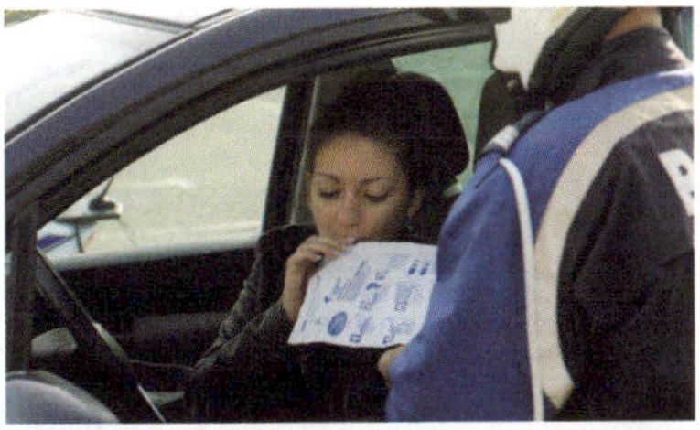

6 **Titulaire d'un permis probatoire depuis un an, je suis en infraction à partir de :**

A > 0,50 g/litre de sang

B > 0,20 mg/litre d'air expiré

C > 0,20 g/litre de sang

D > 0,10 mg/litre d'air expiré

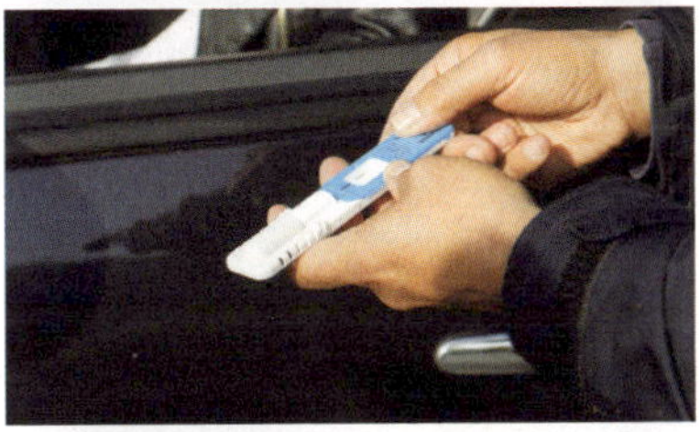

7 **En 1ère année de permis probatoire, je suis contrôlé positif aux stupéfiants :**

A > je conserve mon permis

B > Je suis un stage de sensibilisation

C > mon permis est invalidé

8 **Il est autorisé de conduire avec :**

A > des oreillettes

B > un téléphone en main

C > un casque audio

D > la radio

9 **Je m'assure d'être vu par le conducteur de la voiture blanche :**

A > OUI   B > NON

Je ralentis :

C > OUI   D > NON

10 **Conduire avec un téléphone tenu en main :**

A > est interdit

B > est autorisé

C > entraîne un retrait d'1 point

D > réduit l'exploration visuelle

Réponses aux tests en pages 246 et 247

C LE CONDUCTEUR

> ESSENTIELS

PRISE D'INFORMATION ET COMMUNICATION

- Je prends en compte les autres usagers en contrôlant rétroviseurs et angles morts.
- Je ralentis à l'approche des zones de danger.
- J'utilise les moyens de communication du véhicule.

DISTANCES D'ARRÊT ET DE SÉCURITÉ

- Je conserve toujours 2 secondes d'intervalle de sécurité avec l'usager qui précède.
- La distance d'arrêt se compose de la distance parcourue pendant le temps de réaction et de la distance de freinage.

DÉFICIENCES DU CONDUCTEUR

- Je ne conduis pas sous influence d'alcool ou de drogue.
- Je fais des pauses dès que je ressens les premiers signes de fatigue.
- Je ne me laisse pas distraire par autre chose que la conduite.

R

LA ROUTE

Conduite en tunnel

R CIRCULER LA NUIT

Je passe en feux de croisement :

A > OUI

B > NON

CHAUSSÉES ÉCLAIRÉES

EN VILLE ou

J'utilise les **feux de position ou de croisement.**
Il est interdit de circuler sans feux.
Je préfère les feux de croisement (qui permettent de mieux voir), aux feux de position seuls (qui permettent seulement d'être vu).

Risque : je risque de découvrir tardivement un usager vulnérable mal signalé (piéton, vélo sans lumière).

HORS AGGLOMÉRATION

J'utilise les **feux de croisement**.

La nuit, moins de véhicules circulent mais plus d'accidents se produisent. J'utilise les feux adéquats. J'adapte ma vitesse à la visibilité.

CHAUSSÉES NON ÉCLAIRÉES

FEUX DE ROUTE (pour voir loin - portée de 100 m)

- Si je suis seul sur route non éclairée, hors agglomération ET en agglomération.

FEUX DE BROUILLARD AVANT (éclairer les bas-côtés)

- Sur route étroite et sinueuse hors agglomération, en complément des feux de route.

FEUX DE CROISEMENT (voir et être vu sans éblouir - portée de 30 m)

- pour croiser ou suivre un autre usager, (je passe en feux de croisement si je croise un piéton ou un cycliste, par exemple).
- au crépuscule et à l'aube. À ces périodes, la vision est moins bonne. Il est nécessaire d'être bien visible.

Si un usager derrière moi reste en feux de route, je peux faire des appels de feux stop et mettre le rétroviseur en position nuit. Certains rétroviseurs intérieurs se teintent automatiquement en fonction de la luminosité.

Lors d'un dépassement

- L'usager qui dépasse est en feux de croisement en début de manœuvre et passe en feux de route à hauteur du véhicule dépassé.
- L'usager dépassé passe en feux de croisement quand l'autre usager arrive à sa hauteur.

EN TUNNEL

En tunnel, la règle est identique à la conduite de nuit.

Tunnel éclairé

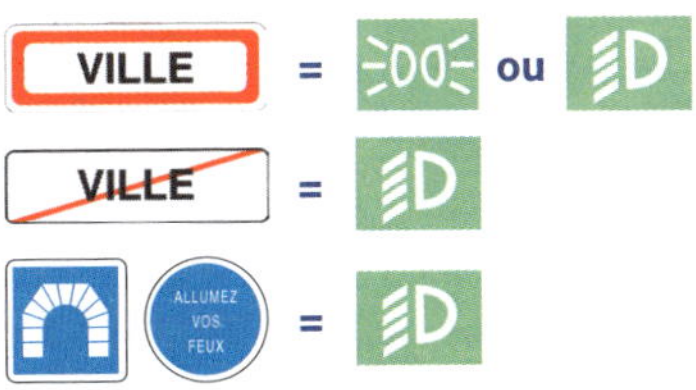

Seul en tunnel non éclairé

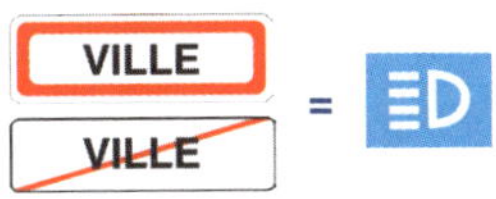

ÉBLOUISSEMENT

La conduite de nuit perturbe l'évaluation des distances et des vitesses. La sensibilité à l'éblouissement est différente selon les personnes. L'éblouissement peut venir de devant ou de derrière, se produire le jour avec le soleil ou la nuit avec les feux des autres usagers. Le temps d'adaptation pour retrouver une vision normale est de 5 à 6 secondes.
Pour éviter d'être ébloui lors d'un croisement, je regarde loin devant vers l'accotement (attention, par réflexe je suis attiré par le point le plus lumineux). Si un conducteur en face m'éblouit avec ses feux de route, je peux faire un bref appel lumineux pour lui indiquer.

R CIRCULER PAR INTEMPÉRIES

J'augmente la vitesse des essuie-glaces avant de dépasser :

A > OUI

B > NON

LE VENT

Ce panneau annonce un danger de vent latéral.

Risque : écart de trajectoire en passant d'une zone abritée à une zone ventée.

Vent nul **Vent soutenu** **Vent violent**

Ces manches à air signalent la direction et l'intensité du vent.

La fatigue arrive plus vite dans des conditions de conduite dégradées, notamment en présence de vent fort.

En présence de vent fort, je ralentis et je tiens fermement le volant.

LA PLUIE

UTILISATION DES FEUX

Lorsqu'il pleut, je circule en **feux de croisement.**

En cas de **forte pluie**, je peux utiliser en remplacement ou en complément les **feux de brouillard avant**.

Les feux de brouillard arrière sont interdits.

Risque : ils risqueraient d'éblouir les usagers qui me suivent car ces feux sont puissants.

ADHÉRENCE

Quand il pleut, l'adhérence est deux fois moins bonne. La distance de freinage est multipliée par deux. Il faut donc augmenter la distance de sécurité.

- Lorsqu'il pleut, le risque majeur est l'aquaplanage : le pneu n'évacue pas assez d'eau et n'adhère plus au sol.
- Pour éviter l'aquaplanage, je ralentis. L'aquaplanage est favorisé si la vitesse est élevée et si les pneus sont usés.

Risque : je risque de perdre le contrôle du véhicule et de faire une sortie de route.

VISIBILITÉ

Pour garder une bonne visibilité, j'utilise le désembuage et j'adapte la vitesse des essuie-glaces lors des dépassements.

R CIRCULER PAR INTEMPÉRIES

Je peux circuler avec les feux :

A > de route

B > de croisement

C > de brouillard avant

D > de brouillard arrière

LE BROUILLARD

Par temps de brouillard, je circule en **feux de croisement.**

J'utilise en plus les **feux de brouillard avant et arrière,** pour plus de sécurité.

Risque : je risque de percuter un obstacle ou un usager sur la chaussée. Je dois pouvoir m'arrêter dans la zone de visibilité que j'ai devant moi.

Je ne dépasse pas 50 km/h si la visibilité est < à 50 m, même sur autoroute.

LE VERGLAS

En présence de verglas, l'adhérence au sol est presque nulle. Le mieux est d'éviter de conduire.

Les pneus à crampons (ou cloutés) facilitent la conduite sur le verglas. Autorisés uniquement du 1er novembre au 31 mars. Je dois placer ce disque à l'arrière du véhicule.

Vitesse maximale autorisée : 90 km/h

LA NEIGE

Obligatoires
Par temps de neige, je circule en feux de croisement pour être vu.

Facultatifs
J'utilise en plus les feux de brouillard avant et arrière, pour plus de sécurité.

En période hivernale, ces panneaux indiquent les entrées et sorties de zone d'obligation d'équipements. Dans ces zones, mon véhicule doit comporter 4 pneus hiver ou bien je dois avoir des chaînes à neige à bord du véhicule. (Plus de détails en page 267.)

Sur la neige, je conduis en bas régime, sans freinage brusque, en-dessous des limitations de vitesse.

Je conduis en souplesse, j'anticipe. Je ne dépasse pas un engin de service hivernal (chasse-neige) en action.

Les chaînes à neige permettent de circuler sur neige épaisse.

- Autorisées uniquement sur route enneigée.
- Obligatoires sur au moins deux roues motrices en présence de ce panneau.

Vitesse maximale conseillée : 50 km/h

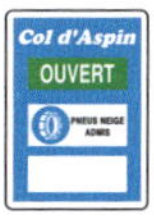

Col ouvert, mais j'utilise obligatoirement des chaînes à neige sur au moins deux roues motrices, ou des pneus neige.

Des pneus neige "thermogomme" ou pneu hiver, sont adaptés à la conduite hivernale : faible couche de neige, pluie.
Ils permettent notamment de limiter le risque de patinage en cas de démarrage sur une faible couche de neige.

MACIF

Prévention
Loi Montagne II

Depuis le 1er novembre 2021, les pneus hiver ou les chaînes sont obligatoires pour circuler sur les routes de montagne pendant toute la période hivernale, du 1er novembre au 31 mars, sur arrêté du préfet fixant la liste des communes concernées.

Par intempéries (pluie, neige, brouillard), il est autorisé d'utiliser les feux de position avec les feux de brouillard avant. Toutefois, même si la règle l'autorise, cela n'est pas conseillé. Pour plus de sécurité, il est préférable d'utiliser les feux de croisement qui éclairent mieux.

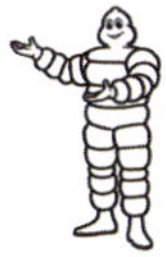

R PASSAGES À NIVEAU

Ce signal annonce l'arrivée d'un train :

A > OUI B > NON

Je me prépare à m'arrêter :

C > OUI D > NON

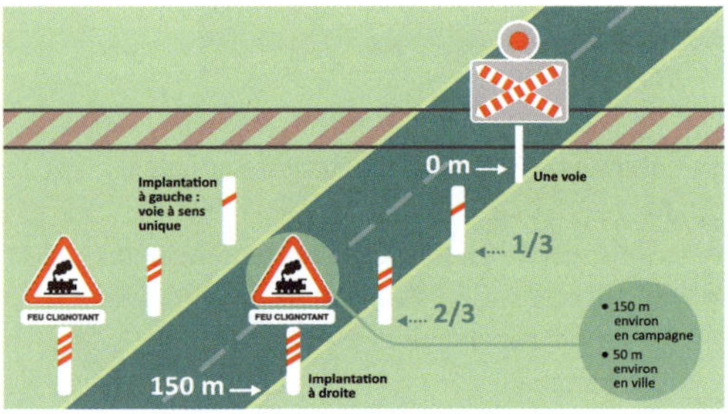

Implantation

Ces distances d'implantation sont valables quel que soit le type de passage à niveau.

SANS BARRIÈRES

Je m'arrête si un train arrive.

Je marque l'arrêt, même si aucun train n'arrive.

Je m'arrête si le feu rouge clignote.

Ce panneau signale que le passage à niveau comporte plusieurs voies.

Risque : s'engager après le passage d'un train alors qu'un autre train arrive en sens inverse.

AVEC BARRIÈRES MANUELLES

Les barrières sont **abaissées et relevées manuellement** par un agent des chemins de fer. Cette situation est rare.

AVEC DEMI-BARRIÈRES AUTOMATIQUES

Ce panneau à message variable :

- est placé 200 à 300 m avant le passage à niveau si la visibilité n'est pas optimale,
- s'allume quand les feux rouges du passage à niveau clignotent.

Si des véhicules sont arrêtés devant les barrières, le PMV signale alternativement les barrières fermées et le panneau de bouchons.

Risque : rencontrer des véhicules arrêtés avant les barrières.

Avant le passage du train, les feux rouges clignotent, la sonnerie retentit puis les barrières s'abaissent. **Dès que les feux rouges commencent à clignoter, je dois m'arrêter** (à hauteur de la ligne d'effet quand il y en a une).

Une ligne électrifiée est présente à moins de 6 m au-dessus de la chaussée.

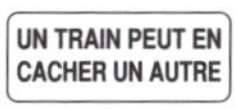

Le passage à niveau comporte plusieurs voies.

Le profil de la route est déformé.
Je ralentis.

Les principes de sécurité

- Je respecte la signalisation et je ne passe pas entre les barrières.
- Je ralentis avant de traverser le passage à niveau.

Risque : endommager mon véhicule sur un dos-d'âne important.

- Je m'assure de ne pas être immobilisé sur le passage à niveau.

Risque : que des voitures s'arrêtent de l'autre côté des voies et m'obligent à m'arrêter sur les rails alors qu'un train arrive.

- Les barrières sont conçues pour être brisées par un véhicule coincé sur les rails.
- En panne sur les rails : je sors de la voiture avec mes passagers et j'utilise le téléphone placé à proximité pour être localisé.

La plupart des accidents aux passages à niveau sont dus au non-respect des règles et ont lieu sur un trajet quotidien.

R TRAVERSER UN TUNNEL

Je dois respecter une distance de sécurité de 70 m minimum si je circule :

■ à 80 km/h

A > OUI B > NON

■ à 30 km/h en cas de ralentissement

C > OUI D > NON

ENTRÉE ET SORTIE

Entrée d'un tunnel de plus de 300 m

À partir de ce panneau :

- il est **interdit de faire demi-tour**,
- l'**arrêt et le stationnement sont interdits** en dehors des emplacements d'arrêt d'urgence,
- j'allume obligatoirement les **feux de croisement**.

Un **effet trou noir** se produit à l'entrée du tunnel. J'enlève mes lunettes de soleil.

À la sortie, pour limiter l'éblouissement, je conserve les feux jusqu'à la sortie, je baisse le pare-soleil, je ralentis.

Risque : L'éblouissement allonge le temps de réaction et fausse l'évaluation des distances.

J'écoute la fréquence radio diffusée dans le tunnel. Les consignes de sécurité de l'exploitant y sont diffusées, en cas d'incident notamment.

Des panneaux à messages variables (à l'entrée ou dans le tunnel) peuvent informer sur les conditions de circulation, les règles dans le tunnel, les consignes en cas d'incident, etc.

Certains tunnels sont équipés, à l'entrée, de **feux rouges** et de **barrières**. Elles se ferment en cas de problème majeur dans le tunnel comme un incendie ou un accident.

Risque : respecter cette signalisation permet d'éviter un suraccident, de limiter le nombre de véhicules dans le tunnel, de faciliter l'intervention des secours.

CIRCULATION

Je respecte les vitesses : elles peuvent être limitées et imposées.

En présence de ces panneaux, ma vitesse doit être comprise entre 30 km/h et 70 km/h.

Je respecte l'intervalle de sécurité imposé par :

- les **panneaux**. L'interdistance doit être au moins égale au nombre indiqué,
- les **panneaux à messages variables,**
- les **diodes bleues**. Je dois voir au moins 2 lumières bleues entre deux véhicules,
- la règle générale. En absence de panneau, je respecte la règle des **2 secondes**.

L'intervalle de sécurité doit aussi être respecté à l'arrêt.

Risque : si les distances ne sont pas respectées : propagation rapide d'un incendie, empêcher la circulation des secours.

ÉQUIPEMENTS

Emplacement d'arrêt d'urgence

Je l'utilise uniquement en cas de **panne, malaise ou accident.** Il permet d'éviter les arrêts sur la chaussée.

Niche de sécurité

J'y trouve une borne d'appel d'urgence en cas de panne par exemple (pour **contacter les secours**) et un extincteur (pour lutter contre un début d'incendie).
Attention : elle ne protège pas en cas d'incendie.

Issue de secours

Je m'y mets en sécurité en cas d'**incendie**. Dans une issue de secours, je suis à l'abri des fumées et de la chaleur.
Je peux parfois rejoindre l'extérieur ou l'autre tube du tunnel. J'y trouve une borne d'appel d'urgence.

Je connais les règles particulières et les équipements spécifiques aux tunnels pour les traverser en sécurité et sans stress.

R ÉVÉNEMENTS EN TUNNEL

Je vois un épais nuage de fumée devant :

A > je reste dans mon véhicule et j'attends les services de secours

B > je fais demi-tour

C > je rejoins à pied une issue de secours

ACCIDENT, PANNE, MALAISE

- J'allume les **feux de détresse**.

- Je rejoins un **emplacement d'arrêt d'urgence**. (J'évite de m'arrêter sur la chaussée.)

- J'éteins le moteur et j'enfile le **gilet haute visibilité**. (Je place le triangle de présignalisation uniquement si cela ne me met pas en danger.)

- Je **contacte les secours** à l'aide de la borne d'appel d'urgence la plus proche. (J'évite d'utiliser mon téléphone portable.)

Risque : en tunnel, tout incident mineur peut dégénérer rapidement.

BOUCHONS

- J'allume les **feux de détresse** et je garde une bonne distance de sécurité avec le véhicule précédent.
- **J'éteins le moteur** et je reste dans le véhicule.
- Je suis les indications données par les **panneaux à messages variables** ou la **radio**.

INCENDIE

Risques : fumées opaques et toxiques, fortes chaleurs.

Si l'incendie se déclare sur mon véhicule :

- j'essaie de sortir du tunnel si la sortie est proche,
- sinon, j'essaie d'éteindre le début d'incendie avec un extincteur à disposition.

Si un incendie se déclare sur mon véhicule ou un véhicule devant :

- je m'arrête en respectant l'intervalle de sécurité,
- je coupe le moteur et laisse les clés sur le contact (les secours pourront déplacer mon véhicule),
- je rejoins à pied l'issue de secours la plus proche (dans le sens opposé aux fumées),
- dans l'issue de secours, je donne l'alerte à l'aide du poste d'appel d'urgence et je reste dans l'issue de secours.

10 CHOSES À NE PAS FAIRE

- Dépasser un véhicule en feu.
- Se rapprocher des fumées pour vérifier le bien-fondé de l'alerte.
- Ne pas respecter les distances à l'arrêt.

Risque : propagation de l'incendie.

- Faire demi-tour.
- Faire marche arrière.

Risque : créer un suraccident.

- Rester à côté du véhicule en attendant d'autres informations.
- Rester dans le véhicule en pensant être protégé des fumées.

Risque : être asphyxié.

- Prendre des affaires encombrantes avant d'évacuer.

Risque : ralentir l'évacuation.

- Laisser la porte de l'issue de secours ouverte pour observer l'évolution de la situation.
- Retourner dans le tunnel pour aller chercher des affaires dans son véhicule.

Risque : mettre en danger d'asphyxie tous les usagers se trouvant dans l'issue de secours.

Je réagis vite et bien pour éviter d'aggraver la situation.

R TRAVERSER UN CHANTIER

Je ralentis :

A > OUI **B** > NON

Je m'écarte du bord droit :

C > OUI **D** > NON

TENIR COMPTE DE LA SIGNALISATION

Ce panneau annonce une chaussée glissante.

La chaussée passe à une seule voie de circulation 600 m après le panneau.

Ces balises signalent un obstacle temporaire.

PIQUETS MOBILES tenus par des ouvriers

Rouge : je m'arrête.

Vert : je passe.

FEUX TEMPORAIRES

Ce feu permet d'alterner la circulation.

- **Jaune fixe ou rouge : je m'arrête.**
- **Jaune clignotant : je passe.**

Risque : en présence d'un feu jaune clignotant, il existe un risque qu'un usager en face se soit engagé. J'observe avant de passer.

VITESSES ET DISTANCES DE SÉCURITÉ

Prévention
Les zones en travaux

Soyez très vigilant aux panneaux annonçant les travaux et ne suivez pas systématiquement les indications du GPS qui n'intègrent pas toujours ces zones de travaux provisoires.

Je respecte les vitesses limites et les distances de sécurité. J'adapte ma conduite dès les premières signalisations et je n'attends pas le dernier moment avant de ralentir ou de changer de voie.

Lorsque je m'approche d'un véhicule équipé de feux spéciaux ou faisant usage de ses feux de détresse :

- s'il est immobilisé ou circule à faible allure sur l'accotement ou une bande d'arrêt d'urgence, **je dois ralentir et changer de voie**. Si je ne peux pas changer de voie, je m'en éloigne le plus possible en restant dans ma voie.
- s'il est immobilisé ou circule à faible allure sur la chaussée devant moi, je dois ralentir, au besoin m'arrêter, et le dépasser en respectant les règles de sécurité.
- s'il est immobilisé ou circule à faible allure sur une voie adjacente, je dois ralentir et m'en éloigner le plus possible en restant dans ma voie.

LE PERSONNEL DE CHANTIER

Avant d'aborder une zone de chantier, je ralentis et je conserve des distances de sécurité importantes avec le véhicule devant, avec les véhicules de chantier et avec les personnes que je croise.

Lorsque des personnes travaillent sur la chaussée ou à proximité (patrouille et entretien de l'autoroute, personnels de chantiers, nettoyeurs, personnels de secours, de péage, etc.), je dois :

- **ralentir,**
- **m'écarter** d'eux.

Risque : un ouvrier peut surgir de derrière les véhicules à tout moment.

Pour permettre aux agents de chantier de se déplacer en sécurité, je ralentis et je m'écarte avant de les croiser ou de les dépasser.

R CIRCULATION DES TRAMWAYS

Un tramway vient de passer.
Je m'engage :

A > OUI B > NON

Le tramway est un transport en site propre. Cela signifie qu'il circule sur des rails utilisables par lui seul. Les tramways ont toujours la priorité de passage.

LA SIGNALISATION MISE EN PLACE

Une traversée de voie de tramway est parfois annoncée à l'avance.

À hauteur des rails, si je rencontre ce panneau seul, je regarde à gauche et à droite et je cède le passage aux tramways arrivant des 2 côtés avant de m'engager.

En général, ce panneau d'indication est complété d'un ou plusieurs feux rouges. Dès qu'ils clignotent, je m'arrête et j'attends qu'ils soient éteints avant de repartir.

Risque : même lorsque le tramway est passé, j'attends que les feux s'arrêtent car un autre tramway peut arriver en sens inverse.

Attention de ne pas confondre les feux pour tramways avec les feux tricolores.

Dans certaines villes, les voitures doivent rouler sur des petites portions de rails à certains endroits. Dans ce cas, l'entrée sur les voies de tramway est réglée par exemple grâce à des feux.

Si je suis à pied, je peux rencontrer ce feu qui, lorsqu'il clignote, impose l'arrêt.

Les tramways gardent leur priorité de passage dans les zones de rencontre et les aires piétonnes. Dans ces zones où les piétons sont prioritaires sur les autres usagers, ils ne le sont pas sur les tramways.

LES RISQUES LIÉS AUX TRAMWAYS

Après le passage d'un tramway, un autre peut arriver en sens inverse. Il ne faut jamais passer avant l'extinction totale des feux rouges.

A 50 km/h, la distance d'arrêt d'un tramway est 4 fois plus longue que celle d'une voiture. Il risque donc de ne pas pouvoir s'arrêter à temps si un usager traverse devant.

Risque : une collision avec un tramway est dans de nombreux cas un accident grave ou mortel. Les collisions avec des tramways impliquent principalement des véhicules légers.

À l'approche des arrêts, des piétons risquent de traverser la rue en courant pour ne pas rater le tram. Ceux qui descendent risquent également de traverser sans regarder.
Je ne peux pas dépasser un tramway par la droite pendant la montée et la descente des passagers.

J'adapte ma vitesse et ma circulation pour cohabiter en toute sécurité avec ces véhicules spécifiques.

RENTRER SUR L'AUTOROUTE

À l'approche d'un péage :

- Je coupe le régulateur

A > OUI B > NON

- Je choisis ma voie en fonction de mon mode de paiement

C > OUI D > NON

TENIR COMPTE DE LA SIGNALISATION

Autoroute

Route réservée à la **circulation rapide**, comportant en général **deux chaussées à sens unique**. Elle est accessible en des points spécialement aménagés et ne comporte aucune intersection à niveau.

Route à accès réglementé

Route réservée à la circulation automobile, sur laquelle la vitesse est limitée à 110 km/h en règle générale.

ACCÈS INTERDITS

L'accès des autoroutes et routes à accès réglementé est interdit aux usagers ne pouvant pas circuler suffisamment vite : piétons, cyclistes, cyclomotoristes, tracteurs…

Risque : danger de mort pour ces usagers du fait de la vitesse élevée des véhicules.

INSERTION

La voie d'insertion permet d'atteindre une vitesse suffisante sans gêner les véhicules circulant déjà sur autoroute. Je leur cède le passage mais je ne m'arrête pas sur cette voie, sauf en cas de force majeure (arrêt total de la circulation). Avant de m'insérer, je contrôle de manière brève, plusieurs fois.

PÉAGE

La plupart du temps :

- je prends un **ticket** en entrant,

- **je paie** en sortant.

- Le montant du péage dépend de la catégorie de véhicule et de la longueur du trajet.
- Avant le péage, **je coupe le régulateur** et je me dirige vers une voie ouverte.
- Je sélectionne ma voie selon mon moyen de paiement et la hauteur de mon véhicule.

Risques : aborder le péage trop rapidement et heurter un véhicule en train de ralentir, se tromper de voie.

Péagiste

Pièces de monnaie

Pièces et billets

Carte bancaire ou accréditive

Télépéage (abonnement)

Pour les clients télépéage, ce dispositif "zone 30" permet de passer les barrières de péage à 30 km/h.

En présence de la flèche verte, tous les paiements sont acceptés.

Je sais reconnaître les panneaux aux péages pour choisir ma voie rapidement.

R CIRCULATION SUR AUTOROUTE

La vitesse est limitée à :

A > 130 km/h

B > 110 km/h

La distance de sécurité est suffisante :

C > OUI

D > NON

POSITION SUR LA CHAUSSÉE

- **Je circule sur la voie la plus à droite** (sauf voie réservée). J'utilise les voies de gauche pour dépasser ou pour suivre une direction.

- J'utilise la **voie pour véhicules lents** uniquement si ma **vitesse est inférieure ou égale à 60 km/h**.

Risque : heurter un véhicule lent.

- **Je ne circule jamais sur la bande d'arrêt d'urgence.** Je peux m'y arrêter en cas d'urgence UNIQUEMENT. *Si le voyant de carburant s'allume, je reste dans ma voie et je rejoins le prochain poste de distribution de carburant.*

INTERVALLE DE SÉCURITÉ

À 130 km/h, je dois voir **2 traits de la bande d'arrêt d'urgence** entre mon véhicule et celui qui précède. Quelle que soit ma vitesse, l'intervalle correspond à la distance parcourue en **2 secondes.**

Risque : en cas de ralentissement, je risque de ne pas avoir le temps de modifier mon allure et ma trajectoire.

VITESSES

Vitesses maximales

- **130 km/h** par temps sec. Abaissement à 110 km/h à l'approche de certaines zones urbaines.
- **110 km/h par temps de pluie** et pour les jeunes conducteurs (100 km/h dans les zones abaissées à 110).
- 50 km/h quand la visibilité est inférieure à 50 m.

Vitesse minimale

- **80 km/h minimum sur la voie la plus à gauche** (si la circulation est fluide et le temps clair).

DÉPASSEMENTS

- **Je dois dépasser par la gauche**.
J'actionne le clignotant suffisamment tôt pour avertir les usagers de mon changement de voie.
Je ne dépasse pas par la droite un conducteur qui reste dans la voie de gauche.

- Je peux dépasser **plusieurs véhicules en une seule manœuvre.**

- **Ligne de dissuasion** à l'approche d'une sortie : elle **dissuade les usagers placés à gauche d'emprunter la sortie**.
En présence de cette ligne, je peux dépasser et me rabattre après un dépassement.

- **Véhicules encombrants** : sur une chaussée à 3 voies ou plus, les véhicules de plus de 3,5 t et les ensembles de véhicules de plus de 7 m de long ne peuvent pas circuler sur la voie la plus à gauche. Les véhicules de transport de marchandises de plus de 3,5 t sont limités à 90 km/h sur autoroute. Je tiens compte de leur différence de vitesse pour ne pas être surpris.

Je connais les règles spécifiques à la circulation sur autoroute.

En panne sur autoroute :

- Je place mon véhicule sur un emplacement d'arrêt d'urgence

A > OUI B > NON

- J'enfile le gilet haute visibilité avant de sortir

C > OUI D > NON

ARRÊTS D'URGENCE

En cas de panne, d'accident ou de malaise :

- j'allume les **feux de détresse**,
- je m'arrête sur un **emplacement d'arrêt d'urgence** (à défaut sur la bande d'arrêt d'urgence),
- je mets le **gilet haute visibilité** avant de sortir,
- j'emmène les **passagers à l'abri** derrière la glissière de sécurité,
- je contacte les secours à l'aide d'une **borne d'appel d'urgence** (placée tous les 2 km). Son utilisation est gratuite. Je serai mis en contact avec les services de secours de l'autoroute.

Nota : je ne place pas le triangle de présignalisation sur autoroute car le risque de se faire heurter est trop grand.

MACIF

Prévention

Panne sur autoroute

Proposé par la plupart des compagnies d'assurance, il est désormais possible de déclencher le service d'assistance de son assureur depuis son smartphone afin d'être géolocalisé automatiquement en cas de panne, sans avoir à se rendre à une borne d'urgence. Ce service rend l'assistance sur autoroute beaucoup plus sûre et permet d'activer les secours plus rapidement.

Si mon véhicule est en panne ou accidenté sur la voie de gauche, je ne traverse pas les voies. Je me place entre les deux glissières centrales de sécurité et j'attends l'intervention des agents de sécurité de l'autoroute.

Les voies de détresse

Elles permettent aux véhicules dont les freins sont défaillants de s'arrêter. Elles sont implantées dans les longues descentes, matérialisées par des damiers rouges et blancs et se terminent par un lit d'arrêt d'urgence de sable ou de graviers.

CIRCULATION DENSE

- Lorsque la circulation est très dense et que des files se forment, il est évidemment nécessaire de réduire l'allure et de contrôler en permanence la vitesse des autres véhicules afin de s'y adapter. Dans une circulation en file, les ralentissements sont fréquents.

Risque : ne pas conserver de distances de sécurité augmente considérablement le risque d'accident.

- Je ne change pas de file pour essayer d'aller plus vite. Je reste dans ma voie sauf si je souhaite changer de direction, pour emprunter une sortie par exemple.

Je dois toujours conserver une distance de sécurité de 2 secondes au moins, quelle que soit la vitesse.

MANŒUVRES INTERDITES

Il est strictement INTERDIT :

- **de faire demi-tour**,
- **de faire marche arrière** (même sur la bande d'arrêt d'urgence),
- **de circuler sur la bande d'arrêt d'urgence** (même en cas de bouchons),
- **de circuler, s'arrêter ou stationner sur la bande centrale séparative des chaussées** (même en cas d'urgence).

Risque : créer un accident grave voire mortel du fait de la vitesse élevée des véhicules, qui n'auront pas le temps de réagir pour m'éviter.

Quelles que soient les circonstances, je ne fais jamais de manœuvre dangereuse.

R FATIGUE SUR AUTOROUTE

Pour éviter la somnolence au volant, je peux :

A > augmenter le son de la radio

B > ouvrir la fenêtre

C > faire une pause

FATIGUE ET SOMNOLENCE

Sur autoroute, la somnolence est en cause dans environ un tiers des accidents mortels.

Je dois faire au minimum une **pause d'1/4 d'heure toutes les 2 heures.**

Les heures où il faut éviter de conduire : entre **2h et 5h** et entre **14h et 16h**.

Les signes qui doivent m'alerter : bâillements, picotements des yeux, raideurs dans la nuque et le dos, besoin de changer de position, difficultés de concentration, écarts de trajectoires...

Risque : ne pas tenir compte de ces signes peut m'amener à une somnolence, puis à des microsommeils, suivis de la perte de contrôle du véhicule.

- Les aires de repos permettent de se reposer à l'écart des chaussées de l'autoroute.
- Les aires de services donnent accès à divers services comme des restaurants, aires de jeux, postes de distribution de carburant...

IDÉES FAUSSES

Attention, contrairement aux idées reçues, ouvrir la fenêtre, monter le son de la radio ou se mettre des gifles, **n'empêche pas de s'assoupir**.

Dès les premiers signes (paupières lourdes, besoins fréquents de changer de position, nuque raide, etc.), et même s'il ne me reste que peu de kilomètres à parcourir, **je dois m'arrêter rapidement.**

SOLUTIONS

Prévention
L'hypnose de la route

MACIF

Pensez à faire des pauses de 15 minutes toutes les 2 heures : la monotonie d'une route fluide accentue le manque de vigilance et favorise la somnolence.

- Dans tous les cas une pause est indispensable dès que je ressens les premiers signes de fatigue. **Je m'arrête 10 à 20 minutes**.
- Je fais une pause **même si je suis partie peu de temps avant ou si je suis à proximité de mon lieu d'arrivée** (fin de parcours = 4 fois plus d'accidents).
- Avant de repartir, j'aère mon véhicule, la chaleur favorise la somnolence.
- **Je bois de l'eau** (pas d'alcool bien sûr, l'alcool même en quantité modérée aggrave la fatigue) et j'évite de prendre un repas trop lourd.

CONSEILS DE DÉTENTE

Après avoir conduit, il est important de pouvoir relâcher la tension musculaire. Pour cela, je peux :

- marcher, en faisant au moins 2 fois le tour du véhicule, ou en me promenant 5 minutes sur l'aire, respirer profondément plusieurs fois, souffler à fond en inspirant par le nez et en expirant par la bouche,
- effectuer les quelques exercices décrits ci-dessous...

Contre les crampes dans les bras

Tendre le bras en avant à l'horizontal. "Casser" le poignet vers l'extérieur (10 secondes, 3 fois de suite sur chaque main).

Pour le dos et les lombaires

Poser le pied sur le pare-chocs. Fléchir puis étendre la jambe en essayant d'attraper son pied, sa cheville, son mollet ou son genou (10 secondes, 3 fois de suite sur chaque jambe).

Pour les trapèzes

Position debout, la paume des mains à plat sur l'arrière du crâne. Baisser la tête en appuyant doucement pendant une dizaine de secondes avec les mains.

Position de la "girafe" : debout, jambes légèrement écartées et pliées. Se pencher en avant, en laissant ses mains effleurer le sol en soufflant 3 fois de suite pendant une dizaine de secondes.

Risque : négliger les pauses entraîne une augmentation du risque d'endormissement.

Je ralentis :

A > OUI

B > NON

Je m'éloigne du bord droit :

C > OUI

D > NON

CIRCULATION À CONTRESENS

Que faire si je me suis trompé de voie au péage ?

Je ne recule pas et je ne fais pas demi-tour :

- j'actionne les feux de détresse,
- j'utilise le bouton d'interphone du péage (quelqu'un est là pour répondre 24h/24).

Que faire si je me suis trompé de direction ?

Si je ne suis pas la bonne direction ou si je viens de manquer ma sortie, je ne fais en aucun cas demi-tour ou marche arrière, même si je suis pressé :

- je continue jusqu'à la prochaine sortie d'autoroute.

Que faire si un véhicule est présent en contresens ?

Si un véhicule circule en contresens quelques kilomètres devant, je suis informé par un panneau à message variable et la radio grâce à une "alerte contresens" :

- Je m'arrête sur la prochaine aire de services ou de repos.
- Je ralentis pour augmenter les distances de sécurité et le champ de vision.
- Je ne dépasse surtout pas d'autres véhicules.

Ce panneau est mis en place sur les bretelles de sortie pour éviter les contresens.

SÉCURITÉ DU PERSONNEL AUTOROUTIER

Accidents

1 accident concerne le personnel autoroutier tous les 3 jours.
1 accident sur 2 survient lors d'opération de balisage de chantiers.
Chaque année :

- plus de 60 véhicules d'intervention heurtés,
- plus de 100 accidents mettant en cause la sécurité du personnel autoroutier.

Risque : en ne respectant pas les indications des panneaux à messages variables, je mets la vie des hommes de chantier en danger.

Missions du personnel

Leurs missions sont diverses : ils rendent l'autoroute plus sûre et plus confortable. Ils surveillent et sécurisent l'autoroute.

Les flèches lumineuses de rabattement signalent des travaux ou un incident.

Conseils de sécurité

Avant d'aborder une zone de chantier :

- je ralentis,
- je conserve des distances de sécurité importantes avec le véhicule devant et avec les véhicules de chantier et les personnes que je croise.

Je ralentis toujours à l'approche des zones où je risque de rencontrer un homme en jaune proche de la chaussée.

> AUTO-TESTS

1 J'allume les feux de croisement de mon véhicule :

A > OUI

B > NON

2 Une voiture est signalée à contresens :

A > Je me place sur la voie de gauche

B > Je rejoins la prochaine aire de repos ou la prochaine sortie

3

A > **Je m'insère immédiatement**

B > **Je continue d'accélérer sur cette voie**

4 Je risque de croiser d'autres usagers :

A > OUI

B > NON

5 Je peux relâcher la pédale d'accélérateur pour faciliter l'insertion du véhicule blanc :

A > OUI

B > NON

6 Je suis limité par temps de pluie à une vitesse de :

A > 90 km/h

B > 100 km/h

C > 110 km/h

7 Le véhicule devant moi roule moins vite que moi, je le dépasse par la gauche :

A > OUI

B > NON

8 Je circule sur une autoroute, l'espace de sécurité avec le véhicule qui me précède est suffisant :

A > OUI

B > NON

9 Dans ces conditions, ma vitesse est limitée à :

A > 130 km/h

B > 50 km/h

C > 100 km/h

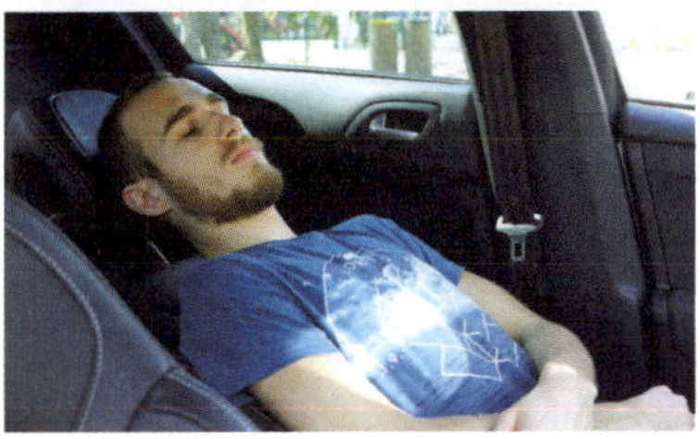

10 Lors des longs trajets, la pause est vivement conseillée toutes les :

A > 3 heures

B > 2 heures

C > 4 heures

Réponses aux tests en pages 246 et 247

VISIBILITÉ ET ADHÉRENCE RÉDUITES

- J'utilise les feux du véhicule lorsque c'est nécessaire.
- Je ralentis et j'augmente l'intervalle de sécurité lorsque l'adhérence est réduite.

OUVRAGES ET CHANTIERS ROUTIERS

- Je m'arrête dès qu'un feu rouge clignote (il annonce le passage d'un train ou d'un tramway).
- En tunnel, je respecte les règles spécifiques.
- En présence d'un chantier, je ralentis et conserve des distances de sécurité latérales.

AUTOROUTES

- Je laisse deux traits de bande d'arrêt d'urgence entre deux véhicules.
- Je fais des pauses régulièrement.

LES AUTRES USAGERS DE LA ROUTE

Priorité aux cyclistes

Je cède le passage au piéton :

A > OUI B > NON

Je devrai m'arrêter à hauteur de la ligne :

C > OUI D > NON

LES NOUVEAUX MODE DE DÉPLACEMENT

Les engins de déplacement personnel motorisés (EDPM) sont des véhicules sans place assise (exception : le gyropode). **Le cyclomobile léger** est une sous-catégorie des cyclomoteurs.

Prévention
Nouvelles mobilités

Découvrez tous nos conseils de circulation et de prévention page 242/243.

Règles : transport d'une seule personne âgée d'au moins 12 ans, pas de transport de marchandise, moteur non thermique, vitesse ne dépassant pas 25 km/h.

Circulation : sur les bandes cyclables, ou à défaut sur la chaussée ; uniquement en agglomération (sauf dérogation) ou sur voies vertes et pistes cyclables.
Utilisation du téléphone interdite en circulation : risque d'allongement du temps de réaction et de déstabilisation.

Équipements : gilet haute visibilité ou vêtement rétroréfléchissant obligatoire la nuit ou par visibilité insuffisante. Casque fortement conseillé (obligatoire sur les routes où la vitesse est limitée à 80 km/h).

Particularités : équilibre précaire, faible gabarit, pas de carrosserie donc peu de protection. Risquent de surprendre par leur vitesse ou leur comportement. **Je ralentis et je m'écarte à l'approche de ces engins.**

Pour leur sécurité, les cyclistes et les EDPM peuvent s'écarter des véhicules stationnés à droite de la chaussée.
Je peux chevaucher une ligne continue pour dépasser un cycliste ou un EDPM, si la visibilité est bonne.

LES CYCLISTES

Attention à leur trajectoire oscillante en montée et à leur vitesse en descente. Un cycliste qui tend le bras indique qu'il va tourner. Avant de tourner aux intersections, je leur cède le passage. Par exemple, sur un carrefour à sens giratoire, je laisse passer les cyclistes avant de sortir.

⚠ Les cyclistes n'ont pas de visibilité vers l'arrière, pas de clignotants et pas de feux stop.

NOTA : Si je commets une infraction, avec un vélo électrique par exemple, j'encours une amende mais pas de perte de point.

MACIF

Prévention

Circuler à vélo

Avant de partir, vérifiez l'état et la pression de vos pneus, le fonctionnement des deux freins et des feux, et n'oubliez pas votre équipement (casque, gilet haute visibilité) afin d'être bien visible de tous. N'oubliez pas qu'en cas de chute, le casque diminue considérablement les risques de traumatisme crânien, même à faible vitesse !

Veillez à bien vous placer sur la chaussée : toujours à droite sur les bandes ou pistes cyclables, de même sur un carrefour à sens giratoire, et regardez en arrière avant de tendre le bras à gauche pour tourner. Évitez soigneusement les angles morts des véhicules et restez de préférence en file lorsque vous êtes à deux.

LES PIÉTONS

Je leur cède le passage : s'ils sont engagés, ou s'ils manifestent clairement l'intention de traverser (même en dehors d'un passage pour piétons). Ne pas céder le passage entraîne un retrait de 6 points. En présence d'une ligne d'effet, je m'arrête à sa hauteur. J'attends qu'ils aient complètement fini de traverser avant de redémarrer.

NOTA : les usagers en skate, rollers ou trottinettes non motorisées sont considérés comme des piétons.

⚠ À l'approche d'un passage pour piétons, un véhicule qui freine devant peut masquer un piéton qui commence à traverser. Je me prépare à m'arrêter.
Lorsque je tourne à droite à un feu vert, je cède le passage aux piétons : ils rencontrent également un feu vert.

Les enfants peuvent être masqués par un véhicule et être imprévisibles. Ils ne perçoivent pas les dangers de la même façon qu'un adulte, en raison de leur vision étroite, de leur temps de réaction et de leur petite taille. Même après avoir regardé la circulation, un enfant risque de ne pas détecter un véhicule.

Les personnes âgées ont plus de difficultés à guérir de leurs blessures. La principale catégorie de piétons victimes d'accidents mortels est celle des plus de 65 ans. Ils se déplacent plus lentement et entendent moins bien.

Chances de survie des piétons en cas de choc

30 **90%** 50 **20%** 70 **proches de 0**

Les piétons représentent environ 20 % des tués. Le manque de visibilité est souvent à l'origine des collisions (piéton caché par un véhicule par exemple).

Quand je dépasse un piéton, un deux-roues, je ralentis et je laisse un **intervalle d'au moins 1 m en ville et 1,50 m hors agglomération**, même lorsqu'un cycliste circule dans une bande cyclable, pour ne pas le déséquilibrer.

NOTA : les jours qui suivent le passage à l'heure d'hiver, l'accidentalité des piétons est en forte hausse (environ 40 %).

Dans une zone de rencontre :

- toutes les catégories d'usagers peuvent circuler

A > OUI B > NON

- les piétons sont prioritaires

C > OUI D > NON

L'AIRE PIÉTONNE (Zone affectée à la circulation des piétons.)

- **Piétons** : prioritaires sur tous les usagers, sauf les tramways.
- **Cyclistes** : circulent dans les deux sens et à l'allure du pas.
- **Véhicules motorisés** : accès interdit sauf aux véhicules nécessaires à la desserte interne. Ils doivent rouler à l'allure du pas.

En présence de ce panonceau, la zone est piétonne de 10h à 18h.

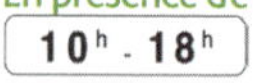

LA ZONE DE RENCONTRE

Tous les usagers peuvent y circuler. Cette zone permet de gérer les conflits au profit des plus vulnérables.

- **Piétons** : prioritaires sur tous les usagers (sauf les tramways), ils peuvent traverser partout et se déplacer sur la chaussée. Ils ne doivent pas s'y arrêter de manière prolongée.
- **Cyclistes et EDPM** : bénéficient, en règle générale, de chaussées à double sens.
- **Véhicules motorisés** : vitesse limitée à 20 km/h.
- Le stationnement est interdit au-dehors des emplacements aménagés.

En agglomération, deux tiers des tués sont des usagers vulnérables.

LA ZONE 30

- **Véhicules motorisés** : vitesse limitée à 30 km/h dans toute la zone.
- **Cyclistes et EDPM** : peuvent circuler dans les deux sens de circulation.

Prévention
Partagez la route

Soyez vigilant lorsque vous marchez en ville : empruntez les passages piétons et évitez les traversées dangereuses.
Des nouveaux usages se développent (vélos, trottinettes électrique, rollers ...) et peuvent surprendre car nous n'y sommes pas encore habitués.
Bannissez le téléphone lorsque vous traversez la chaussée, cette action mérite toute votre attention.

Ces zones (aire piétonne, zone de rencontre, zone 30) peuvent prendre fin :

- aux panneaux de sorties de zone,
- quand une autre zone commence,
- à la sortie de l'agglomération.

LE DOUBLE SENS CYCLABLE

Seuls les cyclistes peuvent circuler dans les deux sens.

En présence de ce panneau, je risque de rencontrer des cyclistes ou des EDPM en sens inverse.

En présence de ce panneau, seuls les cyclistes et les EDPM peuvent s'engager dans la rue.

Risque : si je stationne à gauche, en sortant du stationnement, je risque de renverser un cycliste arrivant en face. → Je sors très lentement de l'emplacement et je demande de l'aide à mon passager.

Signalisation pour LES CYCLISTES

- Au feu rouge, seuls les cyclistes peuvent suivre la direction indiquée par la flèche.
- Ils doivent, avant de s'engager, céder le passage aux piétons et aux véhicules venant de gauche.

Risque : certains cyclistes ne respectent pas la règle : ils vont en face au lieu de tourner ou passent sans céder le passage à gauche. → Si je viens de la rue à gauche ou à droite, je contrôle la présence de cyclistes avant de passer.

U RISQUES LIÉS AUX MOTOS

Détecter une moto dans la circulation est souvent :

A > facile

B > difficile

Pour les automobilistes, la principale difficulté consiste à détecter les motos suffisamment tôt. Les motards sont peu visibles pour plusieurs raisons : leur faible gabarit, leur éclairage moins performant, leurs capacités d'accélération, leur positionnement (ils sont parfois masqués par les voitures). Ils ont l'obligation d'allumer leurs feux de croisement le jour pour être mieux vus.

LES CHANGEMENTS DE VOIES

- Avant de changer de voie, je regarde dans les rétroviseurs.
- Les motos sont rapides : j'effectue plusieurs contrôles afin de vérifier qu'aucun véhicule ne débouche au dernier moment.
- Je signale à l'aide du clignotant et je vérifie l'angle mort avant de déboîter. Dans tous les cas, je n'agis jamais dans la hâte.

MACIF

Prévention

Les deux-roues

N'oubliez pas que votre faible gabarit vous rend moins visible que les autres véhicules : respectez les distances de sécurité, pensez à toujours être visible et ne vous placez jamais dans les angles morts, adaptez votre comportement en toutes circonstances (les accélérations peuvent surprendre les autres usagers) et signalez vos changements de direction. Les automobilistes peuvent mal évaluer la vitesse et la distance des deux-roues, alors soyez prudent !

Risque : en cas de choc avec une voiture, leur chute est inévitable, avec des séquelles souvent graves.

Les motards sont rapides et peu visibles. Je contrôle leur présence dans les rétroviseurs et les angles morts avant de quitter un stationnement, de tourner à droite ou à gauche, de dépasser, etc.

LES VIRAGES

En virage, les motards peuvent difficilement intervenir sur leur trajectoire et leur allure. Leur trajectoire les fait circuler au centre de la chaussée : je reste bien dans ma voie pour éviter un choc frontal. La partie haute de leur corps risque de se déporter vers la voie en sens inverse. Sur chaussée humide, ils risquent de perdre l'adhérence : j'augmente l'intervalle de sécurité.

DÉTECTION ET APPRÉCIATION DES DISTANCES ET VITESSES

Il est parfois difficile d'apprécier la vitesse et la distance à laquelle se trouvent les motards car ils ont une grande capacité d'accélération. Du mobilier urbain ou les montants de mon véhicule peuvent masquer un motard.

Il peut être difficile de détecter un motard en train de dépasser. Avant de m'engager dans une intersection, je vérifie plusieurs fois des 2 côtés.

LA CIRCULATION INTER-FILES

Une expérimentation dans 21 départements autorise la circulation inter-files des deux-roues motorisés de moins d'un mètre de large, uniquement sur les autoroutes et routes à au moins deux fois deux voies séparées par un terre-plein central et où la vitesse autorisée est comprise entre 70 et 130 km/h.

La circulation inter-files est autorisée lorsque la circulation est dense et qu'elle s'établit en files ininterrompues sur toutes les voies. Lorsqu'il y a trois voies de circulation, les deux-roues motorisés doivent circuler entre les deux files de véhicules les plus à gauche de la chaussée.

- Je laisse un espace suffisant pour faciliter la circulation des motocyclistes qui roulent en inter-files (en serrant à droite ou à gauche de ma voie).
- Je vérifie dans mon rétroviseur et contrôle les angles morts avant tout changement de file.
- J'actionne le clignotant avant de changer de file.
- J'évite les manœuvres brusques.

Cette signalisation informe tous les usagers de l'autorisation de la circulation inter-file et en rappelle les règles.

La circulation des motards en inter-file ne doit pas dépasser 50 km/h.

NOTA : lorsqu'un motard tend la jambe, il s'agit d'un geste de remerciement.

U RISQUES TRANSPORTS EN COMMUN

Je ralentis :

A > OUI

B > NON

LES TRANSPORTS EN SITE PROPRE (TRAMWAY, BUSWAYS)

Les transports en site propre (séparés de la circulation) se développent. Je dois **respecter la signalisation** quand je traverse les voies :

- un feu rouge clignotant impose l'arrêt aux véhicules,

- un feu spécial impose l'arrêt aux piétons.

Dans certaines villes, des voies de bus peuvent se trouver à gauche de la voie principale ou encore à contresens de la circulation. Si la voie réservée aux bus et/ou aux cycles se situe au centre de la chaussée, je suis autorisé à dépasser par la droite les usagers de cette voie.

- Il est interdit de circuler sur les voies de tramways. Toutefois, il existe des portions de route aménagées sur les voies de tramways. Il s'agit de voies de circulation partagées.
- Aux intersections, si un feu rouge clignote, je m'arrête. Je repars lorsque les feux sont éteints : un tramway peut en cacher un autre en sens inverse.
- Je peux dépasser un tramway par la droite sauf pendant les montées et descentes de passagers sur la chaussée.

Pour une circulation apaisée, je fais preuve de bon sens et de courtoisie envers les autres usagers.

LES AUTOBUS

Lorsque le bus est à son arrêt, clignotant droit actionné, c'est le moment ou les passagers entrent dans le bus ou descendent et risquent de traverser. Ils peuvent être masqués par le bus : je vais détecter leur présence au dernier moment. Je dépasse à allure très réduite, pied devant le frein. A pied, avant de traverser, j'attends que le bus reparte pour avoir une bonne visibilité.

Ce pictogramme, présent sur un véhicule de transport en commun, signale qu'il transporte des enfants.

- Je cède le passage aux bus quittant leur arrêt : je ralentis et m'arrête si nécessaire.
- En agglomération, lorsque je croise un véhicule de transport en commun, je dois ralentir et au besoin m'arrêter pour faciliter son passage.

Je ne circule pas, je ne stationne pas et je ne m'arrête pas sur les voies réservées.

Voie réservée aux bus et conducteurs effectuant du covoiturage.

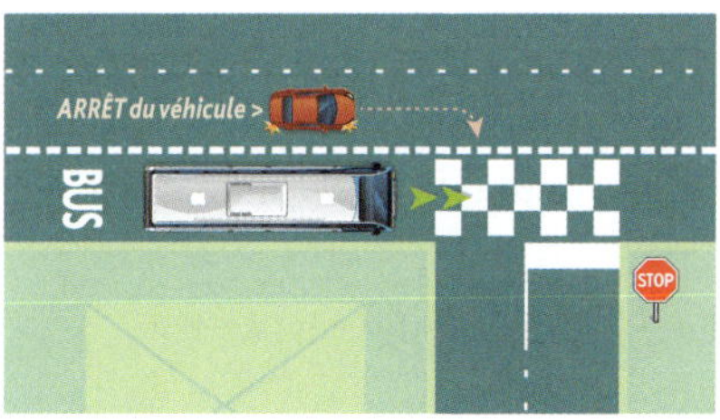

- Je cède le passage aux bus avant de franchir un damier pour tourner. J'évite d'y rester immobilisé pour ne pas gêner la progression des bus.

- Je peux circuler mais je ne peux pas m'arrêter sur les arrêts de bus.
- Comme pour les poids lourds, des risques sont liés au gabarit de ces véhicules. Ils peuvent se déporter vers la gauche pour tourner à droite, par exemple. Je prévois de m'arrêter si nécessaire pour laisser un bus ou un car manœuvrer.

U RISQUES LIÉS AUX POIDS LOURDS

Le maximum de la vitesse autorisée de ce poids lourd est :

A > 90 km/h B > 110 km/h

Une forte différence de vitesse entre usagers aggrave les conséquences d'un accident :

C > OUI D > NON

LES CROISEMENTS ET DÉPASSEMENTS

En règle générale, lorsque le croisement est difficile, sur une route étroite, les véhicules de plus de 2m de large ou 7 m de long doivent faciliter le passage aux usagers plus petits. Je réduis la vitesse pour un croisement en sécurité.

Lorsque je souhaite dépasser un camion, je dois avoir une bonne visibilité vers l'avant. Pour cela, je garde de bonnes distances de sécurité et je me décale légèrement, tout en restant dans les limites de ma voie.

Nota : un véhicule avec des triangles rouges à l'arrière comporte une remorque, il est plus long à dépasser.

Risque : si je reste trop près derrière un poids lourd, ma visibilité vers l'avant est quasiment nulle, je ne peux pas anticiper.

En dépassant un véhicule lourd, l'effet d'aspiration et la présence de vent peuvent perturber ma trajectoire.

Une forte différence de vitesse entre usagers surprend, peut engendrer des erreurs de conduite et aggrave les conséquences d'un accident. Sur autoroute, les véhicules de transport de marchandises sont limités à 90 km/h et les transports en commun à 100 km/h.

ENCOMBREMENTS ET ANGLES MORTS

Le rayon de braquage d'un véhicule lourd est différent de celui d'une voiture.
Ils ont besoin de **place pour manœuvrer**.

- Pour tourner à droite, ils se placent sur la voie de gauche à cause de leur important déport.
- Aux intersections, si une ligne d'effet des feux est en retrait, c'est pour permettre à ces véhicules d'avoir assez de place pour tourner.

Risque : un véhicule encombrant risque de heurter un autre usager en tournant s'il se place trop près de lui dans ses angles morts. Il faut rester à bonne distance de ces véhicules.

- Les angles morts d'un véhicule lourd sont plus importants que ceux d'une voiture.
- Au démarrage notamment, ils ont une faible vitesse de déplacement.

Des disques indiquent les limitations de vitesse du véhicule : sur route non prioritaire - sur route prioritaire - sur autoroute.

TRANSPORT DE PRODUITS DANGEREUX

Les véhicules transportant des produits dangereux sont identifiés par des étiquettes indiquant le type de matière dangereuse transportée.

Matières dangereuses

Matières liquides inflammables

Matières comburantes

Matières toxiques

Matières corrosives

Cancérogène, mutagène, toxique pour la reproduction

Explosif

Toxique

VÉHICULES AGRICOLES

- Les véhicules agricoles surprennent par leur lenteur. Ils sont équipés de gyrophares jaunes.
- Si je ne peux pas dépasser le véhicule agricole, j'actionne les feux de détresse pour signaler aux véhicules qui me suivent que je circule très lentement.

Je tiens compte du gabarit important des poids lourds, de leurs angles morts et de leurs déports.

U VÉHICULES D'INTÉRÊT GÉNÉRAL

Je passe :

A > OUI

B > NON

VÉHICULES PRIORITAIRES

Police, gendarmerie, Douanes, lutte contre l'incendie, SAMU, SMUR, transports de détenus.

Lorsqu'ils utilisent leurs avertisseurs sonores et lumineux (feu bleu tournant à éclats et sirènes deux tons "pin-pon") :

- **je leur cède le passage** aux intersections. Ils sont autorisés à ne pas respecter la signalisation et les règles de priorité,
- **je facilite leurs manœuvres** de croisement et de dépassement.

Risque : avoir des difficultés à localiser le véhicule notamment s'il arrive derrière moi. Je dois réagir vite pour le laisser passer rapidement.

Je cède le passage ou facilite le passage aux véhicules d'intérêt général.

VÉHICULES AYANT FACILITÉS DE PASSAGE

Véhicules de secours et ambulances, EDF, GDF, SNCF, transports de la Banque de France, associations médicales assurant une permanence des soins, intervention des services gestionnaires sur autoroute ou sur 2 x 2 voies, service hivernal, sécurité civile.

Lorsqu'ils utilisent leurs avertisseurs spéciaux (feu bleu clignotant et sirène trois tons "pin-pon-pin") :

- **Je leur facilite le passage.**
- Ils ne sont pas prioritaires aux intersections.
- Il est interdit de dépasser un chasse-neige en action en présence de neige ou de verglas sur la chaussée.

Les véhicules cités ci-dessous ne sont pas des véhicules d'intérêt général.

Véhicules à feux jaunes

Véhicules d'entretien, de voiries, de travaux, de nettoyage, etc.

Ces véhicules ne sont pas prioritaires et ne bénéficient pas de facilité de passage.

Toutefois, ils circulent à allure lente. Je les dépasse avec prudence. Je fais attention de ne pas gêner, surprendre ou blesser les personnes qui travaillent autour.

Transports exceptionnels

Des véhicules de guidage (reconnaissables à leur couleur jaune) escortent les convois exceptionnels.

Je dois réduire ma vitesse et au besoin m'arrêter ou me garer pour faciliter le passage d'un transport exceptionnel et de ses véhicules d'accompagnement.

Je ne m'engage pas dans une intersection, même si le feu est vert :

- si un transport exceptionnel ou un de ses véhicules d'accompagnement est engagé dans l'intersection,
- si un conducteur d'un véhicule d'accompagnement signale le franchissement imminent de l'intersection par un transport exceptionnel.

> AUTO-TESTS

1 Ce cycliste peut facilement détecter ma présence :

A > OUI

B > NON

2 Placé sur la voie de gauche :

A > je dépasse le poids lourd pour tourner à gauche

B > je patiente et laisse les véhicules lourds effectuer leurs changements de direction

3 Dans un instant, je serai situé dans l'angle mort de ce deux-roues :

A > OUI

B > NON

4 Pour dépasser ce cycliste, je laisse un intervalle d'au moins 1,50 m :

A > OUI

B > NON

5 En agglomération, deux tiers des tués sont des usagers vulnérables :

A > OUI

B > NON

6 Le dépassement d'un véhicule de transport en commun à l'arrêt se fait:

A > à allure réduite

B > en maintenant l'allure

7 Le rayon de braquage d'un véhicule lourd est identique à celui d'une voiture :

A > OUI

B > NON

8 Dans une zone de rencontre, les piétons ont la priorité de passage sur les tramways :

A > OUI

B > NON

9 Ce véhicule transporte :

A > du liquide alimentaire

B > un produit dangereux

10 Un usager en trottinette électrique doit circuler :

A > sur les trottoirs

B > sur les bandes et pistes cyclables

Réponses aux tests en pages 246 et 247

U LES AUTRES USAGERS

> ESSENTIELS

LES USAGERS VULNÉRABLES

- Je cède le passage aux piétons qui souhaitent traverser.
- Je ralentis et je m'écarte en présence de cyclistes.
- Ces usagers créent des zones d'incertitude. J'anticipe pour limiter les risques.

LES MOTARDS

- Ils sont peu visibles. Je repère leur présence avant tout changement de voie.
- Ils ont une grande capacité d'accélération. Je suis vigilant aux intersections.

LES VÉHICULES ENCOMBRANTS

- Aux arrêts de transports en commun, je suis vigilant aux piétons qui traversent.
- Je tiens compte des angles morts et des déports des véhicules encombrants.

LES VÉHICULES D'INTÉRÊT GÉNÉRAL

- Je cède le passage ou facilite le passage à ces véhicules.

D

RÉGLEMENTATION GÉNÉRALE ET DIVERS

Chargement des bagages

D DOCUMENTS OBLIGATOIRES ET UTILES

En cas de conduite sans assurance, j'encours :

- une annulation de permis

A > OUI B > NON

- une confiscation du véhicule

C > OUI D > NON

DOCUMENTS UTILES

Il est utile d'avoir :

- le carnet d'entretien (il est conseillé de garder les factures d'entretien et de tenir le carnet à jour),
- la notice d'utilisation du véhicule, pour trouver une solution à un problème technique,
- un constat amiable.

L'IMPORTANCE DE L'ASSURANCE

- **Assurance obligatoire : la responsabilité civile**
  Elle couvre les dommages matériels ou corporels causés aux tiers. (Défaut d'assurance : 3750 euros d'amende)
- **Assurances facultatives**
  Je peux souscrire des garanties supplémentaires : individuelle accident, dommages tous accidents, dommage collision, vol, etc.

Risques : un conducteur qui provoque un accident alors que son permis est annulé ou invalidé (ou s'il est positif à l'alcool ou aux drogues) devra rembourser à l'assurance les sommes versées aux victimes.
Si un conducteur occasionne un accident sous l'emprise de l'alcool, l'assurance ne remboursera pas les dégâts matériels de son véhicule.
En cas de conduite sans assurance, mon permis risque d'être suspendu et je devrai rembourser les dégâts en cas d'accident. Je risque également une annulation de permis et une confiscation du véhicule.

Le tarif de mon assurance auto varie selon mon lieu de résidence et mon nombre d'années d'assurance.

DOCUMENTS OBLIGATOIRES

Permis de conduire (à présenter à tout contrôle)
Pendant la formation, je présente le formulaire de demande de permis, sa photocopie ou un récépissé de demande (valable 2 mois). À l'obtention du permis, le CEPC est valable 4 mois, uniquement en France.

Attestation d'assurance
Je dois pouvoir présenter cette attestation, et le certificat d'assurance doit être apposé sur le pare-brise.

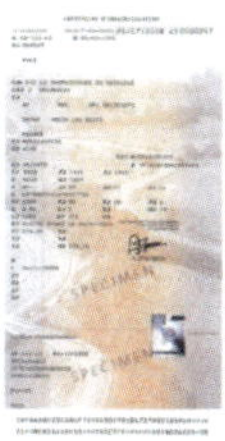

Certificat d'immatriculation (autorisation de circuler)
Il comporte le numéro d'immatriculation du véhicule, ses caractéristiques (poids, rejets en CO_2...) et l'identité du propriétaire. Un véhicule conserve le même numéro d'immatriculation, de sa mise en circulation à sa destruction.

En cas de vente du véhicule ou de changement d'adresse, je dispose d'1 mois pour modifier ce certificat.

Vignette de contrôle technique
Pour les véhicules de plus de 4 ans, elle doit être apposée sur le pare-brise. Elle comporte la date de fin de validité du contrôle technique (également indiquée sur le certificat d'immatriculation).

Risques : en cas de non-présentation des documents :
- amende de 1ère classe (permis de conduire et certificat d'immatriculation),
- amende de 2e classe (documents d'assurance),
- obligation de les présenter dans les 5 jours sous peine d'amende de 4e classe.

Pendant l'apprentissage de la conduite, la conduite accompagnée ou supervisée, il faut posséder :

- pour l'élève : son attestation d'inscription au permis et son livret d'apprentissage.
- pour l'accompagnateur : son permis de conduire.
- pour l'enseignant de la conduite en auto-école : son autorisation d'enseigner.

Je vérifie avant de partir que les papiers et équipements obligatoires sont à bord du véhicule.

D CONSTAT AMIABLE

Une fois le constat signé par les deux conducteurs, je peux modifier les déclarations inscrites sur le recto :

A > OUI

B > NON

Que faire en cas d'accident

Impliqué dans un accident matériel :

- je suis obligé de m'arrêter et de communiquer mon identité,
- je **dégage la chaussée** ou je protège les lieux de l'accident,
- je me munis de mon permis de conduire, attestation d'assurance et certificat d'immatriculation,
- en cas de collision en chaîne, je remplis **un constat[1] avec chacun des conducteurs** des véhicules heurtés,
- j'adresse le constat à l'assureur dans les **5 jours** qui suivent l'accident (2 jours en cas de vol.),
- Le **constat électrique** (e-constat), utilisable en cas d'accident matériel en France, a la même valeur que le constat papier. Les 2 véhicules impliqués doivent être immatriculés en France. L'envoi électronique accélère la réception.

Le recto du constat sert à déterminer les responsabilités.
Je ne dois pas modifier le recto une fois signé par les deux parties.

Le verso ne sert pas à déterminer les responsabilités.
Il permet d'accélérer la gestion du sinistre.

Risque : si l'autre conducteur refuse de remplir ou signer le constat, je note son immatriculation et cherche un témoin. Je remplis et envoie seul le constat à l'assureur.

En cas d'accident corporel, je suis obligé d'appeler les forces de l'ordre.

[1] Constat amiable : document destiné à décrire des faits lors d'un accident pour en faciliter le règlement. L'établissement de ce contrat est essentiel car il protège mes droits et permet d'accélérer les procédures de remboursement.

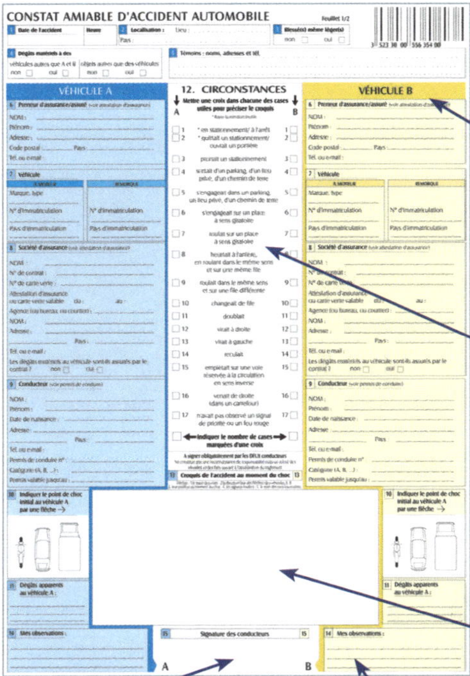

Je reporte les informations figurant sur mon permis de conduire, l'attestation d'assurance et le certificat d'immatriculation.

Je coche les cases correspondant aux faits au moment où l'accident s'est produit.

Attention :
les cases cochées servent à déterminer les responsabilités et ont plus de valeur que le croquis.

Je dessine l'accident au moment du choc.

Je signe le constat uniquement lorsque l'autre conducteur l'a entièrement rempli.

La partie "Mes observations" permet de préciser les circonstances et d'exprimer mon éventuel désaccord avec l'autre conducteur.

En cas d'accrochage, même sans dégât apparent, il est conseillé de remplir un constat.

Remorquage

Si mon véhicule en panne ou accidenté doit être remorqué (hors autoroute), le remorquage avec le conducteur au volant est toléré si :

- l'attelage est visible (même la nuit),
- les feux de détresse sont actionnés,
- l'éclairage et le freinage fonctionnent,
- la vitesse ne dépasse pas 25 km/h (disque à l'arrière gauche),
- la liaison entre les véhicules est faite avec une barre rigide.

D TRANSPORT DES PASSAGERS

Laisser une personne voyager ainsi représente un risque :

- pour elle

A > OUI B > NON

- pour le conducteur

C > OUI D > NON

LES PASSAGERS

- Chaque siège peut être occupé par une seule personne. Chaque passager doit être ceinturé.
- Le nombre de passagers ne doit pas dépasser le nombre de places assises inscrit sur le certificat d'immatriculation (infraction = retrait de 3 points pour le conducteur).

- J'évite autant que possible d'avoir un passager sur la place centrale, pour garder un maximum de visibilité dans le rétroviseur intérieur.
- Il est interdit de transporter des passagers dans une caravane ou à l'arrière d'une camionnette sans siège.

Un passager non attaché risque sa vie et celle des autres. En cas de choc à 50 km/h par exemple, le passager est projeté et peut peser jusqu'à dix fois son poids.

Risque : l'attitude de certains passagers risque d'influencer ma conduite (pression des pairs).

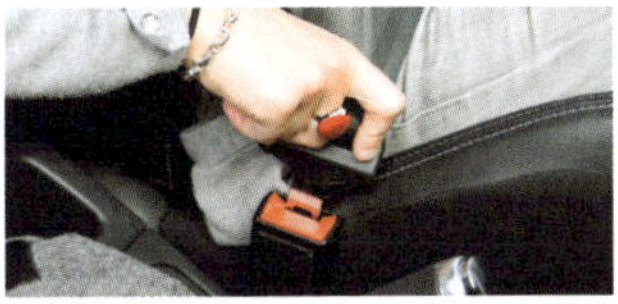

- **Ceinture**
  Elle empêche l'occupant de heurter un obstacle (volant, pare-brise...) et d'être éjecté.

- **Airbag (coussin gonflable)**
  Il complète l'action de la ceinture mais ne la remplace pas.

Risque : le fait d'être éjecté du véhicule augmente le risque de blessures et de décès.

LES ENFANTS

Je suis responsable des passagers de moins de 18 ans que je transporte. Si un passager de moins de 18 ans n'est pas ceinturé, je devrais payer l'amende.

Risque : j'encours une amende si un jeune de moins de 18 ans n'est pas attaché.

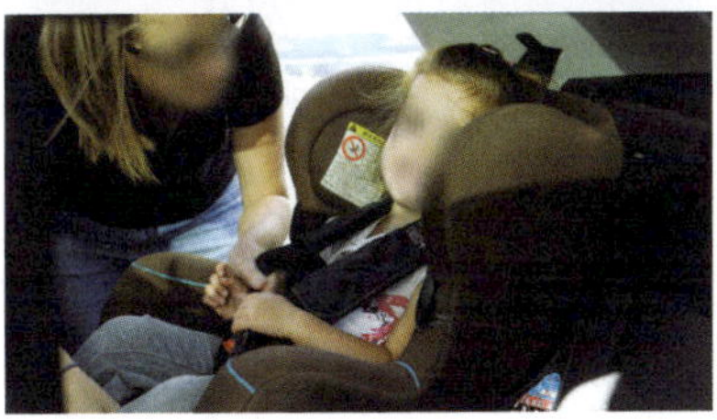

- Pour plus de sécurité, je fais monter et descendre mes passagers côté trottoir.
- J'installe de préférence un siège auto du côté droit, pour ne pas être sur la route le temps d'attacher l'enfant.
- Pour que la ceinture soit efficace, j'enlève les manteaux des enfants.
- Je verrouille la sécurité enfant pour qu'ils ne puissent pas ouvrir les portières de l'intérieur.
- Les enfants de moins de 10 ans, doivent être placés à l'arrière.

Lorsque j'arrive, je fais descendre les enfants côté trottoir et je rejoins un passage pour piétons pour traverser.

Risque : laisser sortir les enfants côté rue puis traverser directement est dangereux. Un véhicule risque d'arriver, d'être surpris et de nous percuter.

Tous les passagers doivent être correctement attachés.

D CHARGEMENT DU VÉHICULE

Ce conducteur doit ajouter une plaque d'immatriculation et un éclairage arrière :

A > OUI

B > NON

CONSEILS DE CHARGEMENT

- Je place les bagages dans le coffre.
- Si je dois placer des objets dans l'habitacle, je mets les objets lourds au sol.
- Je ne place rien sur la plage arrière.
- Je transporte les animaux dans le coffre, séparé de l'habitacle par un filet, dans une caisse de transport posée au sol, ou encore attachés avec une ceinture spéciale. Je ne les laisse pas en liberté dans l'habitacle car ils sont imprévisibles.

Risque : modifier la tenue de route du véhicule, blesser les passagers en cas de freinage brusque ou d'accident.

TRANSPORTER DES VÉLOS

La plaque d'immatriculation et les feux doivent toujours rester visibles :

- soit je fixe les vélos de manière à ce que plaque et feux restent visibles,
- soit je rajoute une plaque et des feux sur les vélos.

Avec des vélos sur le toit, je fais attention au niveau des portiques (péage, parking...). Je mesure la hauteur avant de partir.

Un porte-vélos est conçu pour transporter un nombre de vélos et un poids maximal.

Je peux souscrire une assurance pour les dégâts sur mon vélo.

DIMENSIONS DU CHARGEMENT

Je vérifie régulièrement le bon arrimage du chargement.

- **À l'avant** : un chargement **ne doit pas dépasser** l'aplomb avant du véhicule.
- **À l'arrière** :
  - un chargement placé sur le toit ou dans le coffre peut dépasser **jusqu'à 3 m.**
  - Au-delà d'1 m, je place un dispositif réfléchissant, complété d'un feu rouge la nuit et par mauvaise visibilité.

Risque : je dois prendre en compte la hauteur du chargement au niveau des péages, parkings, ponts, tunnels... afin de ne pas créer un accrochage.

TRACTER UNE REMORQUE

- Si je tracte une remorque de 750 kg de PTAC ou moins, le permis B suffit.
- **Si la remorque pèse plus de 750 kg (et ≤ 3,5 t), il existe 3 possibilités.**

PERMIS B	PERMIS B + FORMATION 7H	PERMIS BE
Remorque > 750 kg et somme des PTAC ≤ 3,5 t	**Remorque > 750 kg et somme des PTAC > 3,5 t et ≤ 4,250 t**	**Remorque > 750 kg et somme des PTAC > 4,250 t**
La somme des PTAC (véhicule + remorque) est inférieure ou égale à 3,5 tonnes : le permis B suffit.	La somme des PTAC dépasse 3,5 tonnes mais est inférieure ou égale à 4 tonnes 250 : il faut faire une formation de 7 heures (appelée B96) en plus du permis B.	La somme des PTAC dépasse 4 tonnes 250 : il faut posséder le permis BE.

Une remorque de plus de 500 kg dispose de sa propre immatriculation et de son certificat d'immatriculation. Une remorque doit être équipée de 2 freins indépendants, sauf si son PTAC ne dépasse pas 750 kg ni la moitié du poids à vide du véhicule tracteur.

Risque : tracter une remorque même petite a une incidence sur ma conduite. Ma trajectoire peut être déviée.

D LE PERMIS À POINTS

Je perds 3 points durant le délai probatoire. Je dois suivre un stage de sensibilisation à la sécurité routière :

A > OUI

B > NON

PERMIS PROBATOIRE

- À l'obtention de mon premier permis (B ou A), je suis en période probatoire, j'ai **6 points**. J'atteins 12 points après 3 ans (2 ans si j'ai suivi l'AAC)*.
- En cas de perte d'un ou plusieurs points pendant la période probatoire, je n'obtiendrai pas les points supplémentaires attribués chaque année (2 par an en permis traditionnel et 3 par an en cas d'AAC).
- En cas de retrait de 3 points ou plus en une seule fois pendant la période probatoire, je dois suivre un **stage de sensibilisation** à la sécurité routière dans les 4 mois suivant la notification de perte de points. Ce stage permet d'obtenir le remboursement de l'amende.
- Je peux suivre une formation complémentaire post permis 6 mois à 1 an après l'obtention de mon permis, pour améliorer ma conduite. Je réduirai ainsi ma période probatoire à 2 ans en cas de formation traditionnelle ou conduite supervisée et à 1 an et demi en cas d'AAC.
- Lorsque j'ajoute une nouvelle catégorie, mon permis ne redevient pas probatoire.

Formation traditionnelle ou conduite supervisée

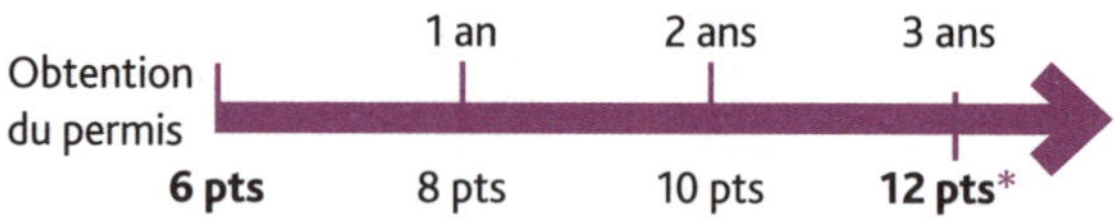

Apprentissage anticipé de la conduite

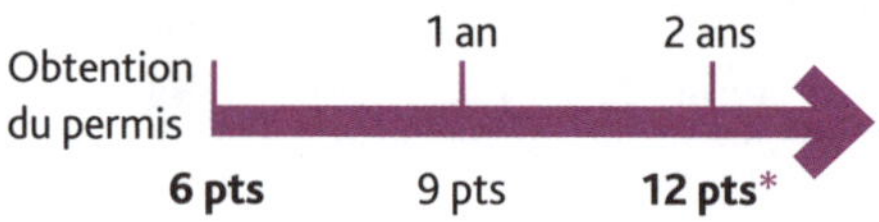

Les conducteurs novices sont impliqués dans 25 % des accidents corporels de la circulation.

* Si je n'ai commis aucune infraction entraînant un retrait de points.

PERTE DE POINTS

- Une seule infraction peut entraîner le retrait de **6 points**.
- Un conducteur commettant **plusieurs infractions** peut perdre au maximum **8 points en une seule fois**.

RÉCUPÉRATION DE POINTS

Récupérer 12 points : aucun retrait de points pendant 3 ans (ou 2 ans pour les contraventions de 2e et 3e classes).

J'ai perdu un seul point : je le récupère au bout de 6 mois sans aucun autre retrait de points.

Récupérer 4 points : je peux suivre un stage de sensibilisation à la sécurité routière tous les ans (si mon solde de points n'est pas nul).

RETROUVER LE DROIT DE CONDUIRE

INVALIDATION ou ANNULATION
pendant la période probatoire
OU ≥ à 1 an

CODE + CONDUITE
Je dois repasser le code et les épreuves pratiques de toutes les catégories que je possédais.

INVALIDATION ou ANNULATION
hors de la période probatoire
ET < à 1 an

CODE
J'ai 9 mois* pour solliciter un nouveau permis à partir :

- de la fin de l'annulation (si annulation),
- de la restitution du permis en préfecture (si invalidation).

* Passé ce délai, je dois repasser aussi la conduite.

Période probatoire de 3 ans et capital initial de 6 points

Le disque A doit être placé sur la carrosserie arrière gauche du véhicule.

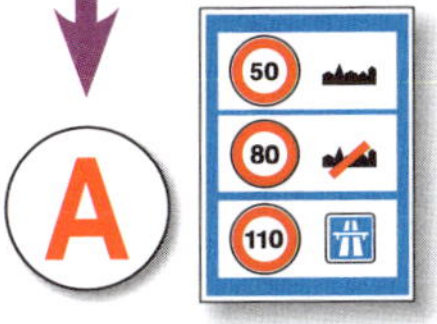

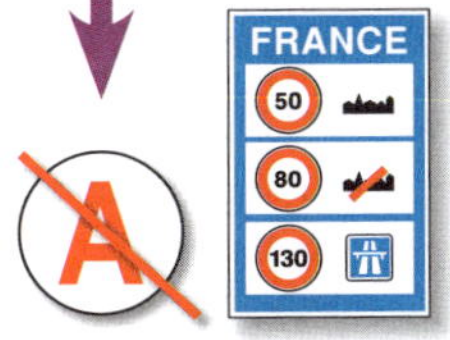

Pour demander un nouveau permis ou sa restitution, je dois être reconnu apte par les professionnels de la santé (visite médicale, test psychotechnique, etc).

90 % des conducteurs possèdent 10 à 12 points.

D ACCIDENTS, INFRACTIONS ET SANCTIONS

Les dispositifs permettant de déceler la présence de radars sont interdits à bord des véhicules :

A > OUI

B > NON

LES ACCIDENTS MORTELS

Les personnes présumées responsables d'accidents mortels sont à 80 % des hommes et à 20 % des femmes.

La majorité des accidents mortels se produisent par beau temps.

Les accidents de la route sont principalement liés au comportement humain.

18/24 Le nombre de blessés et tués en voiture est le plus important dans la tranche d'âge des 18-24 ans.

Environ 80 % des conducteurs ont 12 points sur leur permis. Et ce pourcentage est d'environ 50% seulement chez les auteurs présumés d'accidents mortels.

RESPONSABILITÉS

- **Pénale** : je suis responsable des infractions que je commets (amende, emprisonnement, retrait de points, etc.).
- **Civile** : si je cause un accident, je dois réparer les dégâts en nature ou par le versement de dommages-intérêts.
- **Pécuniaire** : titulaire du certificat d'immatriculation, je suis responsable des infractions effectuées avec mon véhicule, sauf si je prouve que je ne suis pas l'auteur de l'infraction.

À bord des véhicules, les dispositifs permettant de déceler la présence de radars sont interdits.

Infractions pouvant être constatées, sans interception en bord de route, par l'intermédiaire de la vidéo-verbalisation et des radars homologués : non-respect des signalisations imposant l'arrêt des véhicules (feu rouge, stop...), non-respect des vitesses maximales autorisées, non-respect des distances de sécurité entre les véhicules, usage de voies et chaussées réservées à certaines catégories de véhicules comme les bus ou les taxis, défaut du port de la ceinture de sécurité, usage du téléphone portable tenu en main, circulation, arrêt, et stationnement sur les bandes d'arrêt d'urgence, chevauchement et franchissement des lignes continues, non-respect des règles de dépassement, non-respect des « sas-vélos », défaut de port du casque à deux-roues motorisé, circulation en sens interdit, engagement dans une intersection encombrée.

TYPES D'INFRACTIONS

- **Contravention** : sanctionnée d'une amende allant de la 1re à la 5e classe. L'amende forfaitaire concerne les 4 premières classes. Elle peut être minorée ou majorée.
- **Délit** : plus grave que la contravention, il peut entraîner de nombreuses peines comme l'emprisonnement.

DÉLAIS DE PAIEMENT D'UNE AMENDE FORFAITAIRE

> PV donné par l'agent

> PV envoyé ultérieurement (dont radar automatisé avec paiement classique)

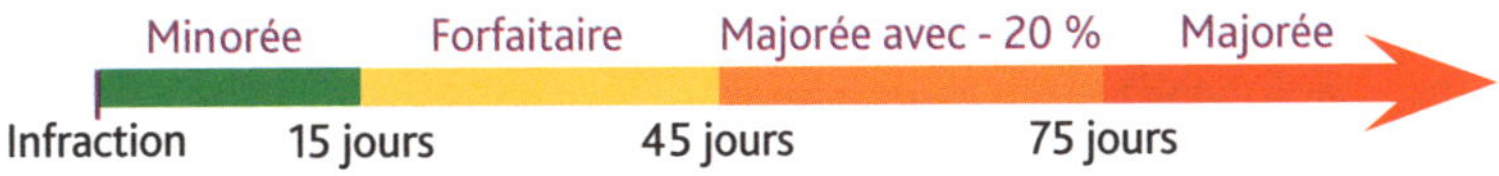

> Contrôle radar automatisé avec télépaiement ou timbre dématérialisé

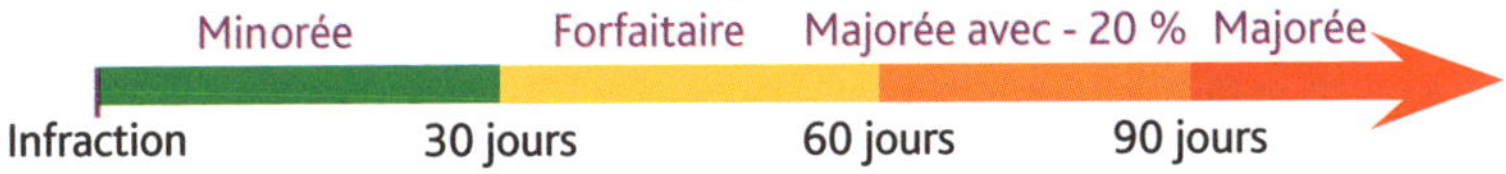

Le retrait de point(s) est effectif le jour du paiement de l'amende forfaitaire ou lorsqu'elle est majorée.

En 2021, les radars ont rapporté 859 millions d'euros. C'est une somme 4 fois inférieure à l'effort financier de l'État en faveur de la sécurité routière (3,7 milliards d'euros par an). Le coût total de l'insécurité routière est de 46,3 milliard d'euros.

D ACCIDENTS, INFRACTIONS ET SANCTIONS

Conduire en état d'ivresse risque de mettre en danger la vie d'autrui :

A > OUI B > NON

Je risque une forte amende :

C > OUI D > NON

TYPES DE SANCTIONS

- **Peines complémentaires :** en plus d'une amende, une infraction peut entraîner un retrait de point, une suspension, l'obligation de suivre un stage de sensibilisation à la sécurité routière, etc.
- **Rétention** du permis : de 72 heures en cas de conduite sous l'emprise de l'alcool, de stupéfiants ou lors d'un excès de vitesse de plus de 40 km/h. Si personne ne peut conduire, mon véhicule est immobilisé. Le permis m'est restitué si la suspension administrative n'est pas prononcée.
- **Suspension administrative** : elle peut durer 6 mois maximum.
- **Suspension judiciaire** : prononcée par un juge, elle peut durer 3 ans maximum. Le permis m'est restitué à la fin de la durée de suspension.
- **Invalidation** : 0 point sur le permis. Interdiction de conduire un véhicule nécessitant un permis pendant 6 mois (1 an en cas de deuxième invalidation dans les 5 ans).
- **Annulation** : interdiction de conduire un véhicule nécessitant un permis pendant la durée fixée par le juge.
- **Confiscation** obligatoire du véhicule si je conduis sans permis ou en cas de récidive de conduite : avec un taux ≥ à 0,80g/l de sang, sous l'influence de stupéfiants ou en grand excès de vitesse.

DÉLIT DE FUITE

Le délit de fuite est le fait, pour un conducteur, de ne pas s'arrêter alors qu'il est impliqué dans un accident.

Risque : l'auteur de ce délit encourt 3 ans de prison et 75 000 euros d'amende. Si accident mortel : 7 ans de prison et 100 000 euros d'amende.

REFUS D'OBTEMPÉRER

Il ne faut pas confondre le délit de fuite avec le refus d'obtempérer qui consiste à **ne pas s'arrêter lorsqu'un agent fait signe de s'arrêter**. Ce délit est donc indépendant de la réalisation d'un accident. Il est passible d'un retrait de 6 points, d'une amende de 15000 euros, d'une suspension de permis et de 2 ans de prison.
En cas de refus d'obtempérer avec mise en danger de la vie d'autrui : 7 ans de prison et 100 000 euros d'amende.

NON-ASSISTANCE À PERSONNE EN DANGER

Il existe une obligation légale de porter secours. **La non-assistance à personne en danger consiste à ne pas intervenir face à une personne courant un danger,** notamment si l'on est témoin d'un accident ou que l'on arrive sur les lieux d'un accident corporel. J'encours alors une amende et une peine de prison.

"Sera puni (...) quiconque s'abstient volontairement de porter à une personne en péril l'assistance que, sans risque pour lui ou pour les tiers, il pouvait lui prêter soit par son action personnelle, soit en provoquant un secours"

MISE EN DANGER DE LA VIE D'AUTRUI

Le délit de mise en danger délibérée de la vie d'autrui est constitué si un conducteur ne respecte pas les règles et expose ainsi d'autres usagers à un risque de mort ou de blessures.

Il peut s'agir d'infractions routières ou de comportements sur la voie publique pouvant entraîner des risques d'accident (comme la conduite en état d'ivresse ou sous l'emprise de stupéfiants par exemple).

> AUTO-TESTS

1 Ce chargement est correct :

A > OUI

B > NON

2 Il est utile de conserver les factures d'entretien du véhicule :

A > OUI

B > NON

3 A chaque catégorie de permis obtenue, le permis redevient probatoire :

A > OUI

B > NON

4 Un chargement peut dépasser l'avant du véhicule :

A > OUI

B > NON

5 Le constat européen d'accident est adressé à l'assureur dans un délai de :

A > 15 jours

B > 10 jours

C > 5 jours

6 Si un agent me fait signe de m'arrêter mais que je n'ai pas commis d'infraction :

A > je poursuis ma route

B > je m'arrête

7 Les documents obligatoires à présenter lors d'un contrôle routier sont :

A > le permis de conduire

B > la carte d'identité

C > le certificat d'immatriculation

8 Le conducteur en délit de fuite avéré à la suite d'un accident ou d'un accrochage risque :

A > Trois ans de prison

B > 75 000 euros d'amende

C > 10 000 euros d'amende

9 En cas d'invalidation du permis pendant la période probatoire, je dois repasser :

A > le code seulement

B > la conduite seulement

C > le code et la conduite

10 Une seule infraction peut entraîner le retrait de 6 points :

A > OUI

B > NON

Réponses aux tests en pages 246 et 247

D RÉGLEMENTATION GÉNÉRALE ET DIVERS

> ESSENTIELS

LES DOCUMENTS

- Je dois avoir dans le véhicule mon permis de conduire, le certificat d'assurance, le certificat d'immatriculation.
- En cas d'accident, je remplis un constat amiable. Je le signe uniquement quand l'autre conducteur l'a entièrement rempli.

LE TRANSPORT

- Tous les passagers doivent être ceinturés.
- Les enfants doivent être installés dans un système de retenu homologué.
- Le chargement ne doit pas masquer les feux ou la plaque d'immatriculation.

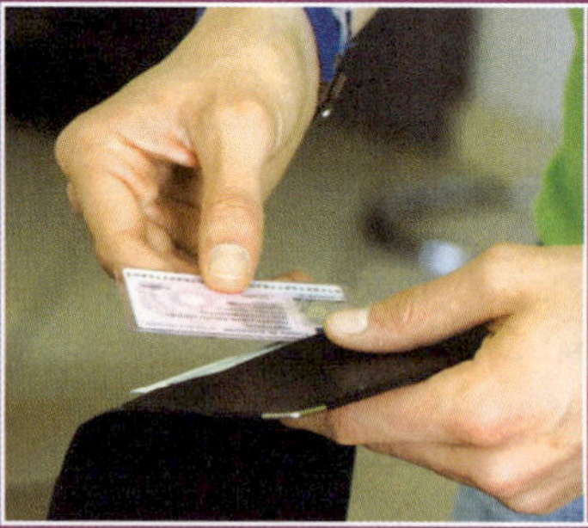

LE PERMIS À POINTS

- Je dispose de 6 points à l'obtention du permis. J'atteins 12 points si je ne commets pas d'infraction entraînant un retrait de point.
- La non-assistance à personne en danger et la mise en danger de la vie d'autrui sont des délits.

A

PORTER SECOURS

Comportement en cas d'accident

A PROTÉGER LES LIEUX ET LES VICTIMES

Arrêté sur cette route pour porter secours, j'enfile le gilet haute visibilité avant de sortir du véhicule :

A > OUI

B > NON

Lorsque j'arrive sur les lieux d'un accident :

- Si les secours sont déjà présents, je passe à allure réduite sans m'arrêter pour ne pas encombrer les lieux ou créer un suraccident.
- Si j'arrive le premier sur le lieu d'un accident, je dois m'arrêter pour **P**rotéger les lieux, **A**lerter les secours et porter **S**ecours aux victimes (P.A.S.).

Impliqué dans un accident corporel ou matériel,
je dois obligatoirement m'arrêter.
Ne pas s'arrêter constitue un délit de fuite.

Protection des lieux et des personnes

Risque : un suraccident risque de se produire si les lieux ne sont pas balisés (arrivée trop rapide d'un autre usager qui percute le véhicule accidenté par exemple).

Toute personne menacée par un danger (notamment un suraccident), doit être protégée. Si je peux agir sans risque pour ma sécurité, je dois immédiatement supprimer ou écarter le danger de façon permanente.

- J'allume les feux de détresse. Je m'arrête autant que possible en dehors des voies de circulation.
- **Je mets le gilet haute visibilité** avant de sortir et je sors du côté opposé à la circulation.

- J'emmène les passagers valides à l'abri de la circulation (derrière la glissière de sécurité sur l'autoroute) ou sur le bas-côté de la route. Si j'ai plusieurs gilets haute visibilité, chaque passager en met un.
- **Je dépose le triangle à au moins 30 m** (sauf si c'est risqué, comme sur autoroute ou voie rapide), **ou avant un virage ou sommet de côte**.
- **Je délimite clairement et largement la zone de danger**, de façon visible, en utilisant tous les moyens matériels à disposition ainsi que le concours des personnes aptes aux alentours. La nuit, j'éclaire les lieux avec les feux de croisement et j'utilise une lampe de poche si possible.

Dégagement d'urgence d'une victime

En présence d'un danger RÉEL, IMMÉDIAT ET NON CONTRÔLABLE, je peux déplacer une victime. Ce déplacement doit rester exceptionnel.

Pour réaliser un dégagement d'urgence, **la victime doit être visible, facile à atteindre et rien ne doit gêner son dégagement.** Je dois être sûr de pouvoir réaliser son dégagement.

Le dégagement d'urgence de la victime doit permettre de la placer dans un endroit suffisamment éloigné du danger.

DEVANT UNE ATTAQUE TERRORISTE OU SITUATION DE VIOLENCE :

- vous tenterez d'appliquer les consignes nationales éditées par le ministère de l'intérieur et disponibles en ligne «réagir en cas d'attaque terroriste».
- Ainsi, la conduite à tenir avant l'arrivée des forces de l'ordre pourrait être la suivante : s'échapper ; si c'est impossible, se cacher ; obéir aux forces de l'ordre ; réaliser les gestes de premiers secours et rester vigilant.

A ALERTER LES SECOURS

Je transmets aux services de secours :

- le numéro de téléphone à partir duquel l'appel est émis

A > OUI B > NON

- la localisation la plus précise de l'événement

C > OUI D > NON

Alerter consiste à informer les services d'urgence de la présence d'une ou plusieurs victimes et de la nature de l'assistance qui leur est éventuellement apportée.

L'absence d'information d'un service d'urgence peut compromettre la vie ou la santé d'une victime malgré les gestes de secours que vous aurez assurés.

L'alerte doit être réalisée :

- **après une évaluation rapide de la situation et des risques**, et une éventuelle mise en sécurité des personnes ;
- par moi ou un témoin, par les moyens disponibles les plus appropriés. **L'alerte doit être rapide et précise** afin de diminuer au maximum les délais de mise en œuvre de la chaîne de secours et de soins.

L'alerte doit être réalisée auprès d'un numéro d'urgence gratuit :

15

SAMU

En charge de la réponse médicale, des problèmes urgents de santé et du conseil médical.

18

Pompiers

En charge notamment des secours d'urgence aux personnes, des secours sur accidents, incendies.

112

Appel secours

Numéro de téléphone réservé aux appels d'urgence et valide dans l'ensemble de l'Union Européenne.

Les secours peuvent me conserver en ligne pour me conseiller ou me guider dans l'exécution des gestes nécessaires, jusqu'à leur arrivée.

NB : le 114 est un numéro d'appel d'urgence pour les personnes avec des difficultés à entendre ou à parler (numéro national, gratuit, accessible par SMS).

Quels comportements adopter ?

Je contacte un service d'urgence à l'aide d'un téléphone portable ou à défaut d'un téléphone fixe ou d'une borne d'appel.

- Je transmets les informations.
- Je réponds aux questions posées par les services de secours.
- J'applique les consignes données.
- Je raccroche uniquement quand mon correspondant m'invite à le faire.

Les informations minimales à transmettre :

- Le numéro de téléphone ou de la borne à partir duquel l'appel est passé.
- La nature du problème : maladie, accident..., le nombre et l'état des victimes.
- La localisation la plus précise de l'événement.

Nota : Sur autoroute, pour indiquer avec précision les lieux de l'accident depuis un téléphone portable, je donne le numéro de l'autoroute, le sens de circulation et le point kilométrique. (Dans l'exemple ci-contre, le point kilométrique est 48.)

Si possible, j'envoie une personne pour accueillir les secours et j'organise leur accès sur le lieu de l'accident, au plus près de la victime.

Alerter rapidement et correctement les secours, en leur donnant des informations complètes, permet une intervention efficace et augmente les chances de survie des victimes.

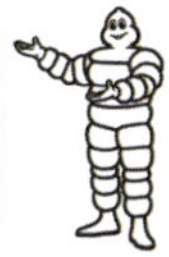

A SECOURIR / PERTE DE CONNAISSANCE

Une personne en perte de connaissance qui est allongée sur le dos risque un arrêt cardiaque :

A > OUI

B > NON

QU'EST-CE QU'UNE PERTE DE CONNAISSANCE ?

Une personne qui a perdu connaissance ne répond et ne réagit à aucune sollicitation verbale ou physique, mais elle respire.

Une perte de connaissance risque d'évoluer en arrêt respiratoire et arrêt cardiaque si la respiration est empêchée, du fait de voies aériennes obstruées.

Une personne en perte de connaissance qui est laissée sur le dos risque des difficultés respiratoires, car ses **voies aériennes risquent d'être encombrées** ou bouchées par :

- **des liquides présents dans la gorge** (salive, sang, liquide gastrique),
- **la chute de la langue en arrière**.

Cela peut entraîner un arrêt respiratoire puis un arrêt cardiaque.

QUELS COMPORTEMENTS ADOPTER ?

1- Je contrôle l'état de conscience de la victime

- Je lui pose des questions simples «comment ça va ?» «Vous m'entendez ?».
- Je lui secoue doucement les épaules.
- Je lui prends la main et lui demande de me la serrer.

Si la victime ne répond pas et ne réagit pas, je contrôle sa respiration.

2- Je vérifie que la victime respire

- Je regarde si le ventre et la poitrine de la victime se soulèvent.
- J'essaie de sentir un éventuel flux d'air à l'expiration.

Si la victime ne répond pas et ne réagit pas mais qu'elle respire, il s'agit d'une perte de connaissance : je la place en position stable sur le côté.

3A- En présence d'une victime qui ne répond pas, ne réagit pas et respire à la suite d'un évènement non traumatique : **je place la victime en position latérale de sécurité.**

3B- En présence d'une victime qui ne répond pas, ne réagit pas et respire à la suite d'un évènement traumatique ou d'un évènement dont on ne connaît pas l'origine : **je laisse la victime sur le dos** et je m'assure de la liberté des voies aériennes en maintenant la bascule de la tête. (Si la victime vomit ou régurgite, la mettre sur le côté en maintenant si possible l'axe tête-cou-tronc).

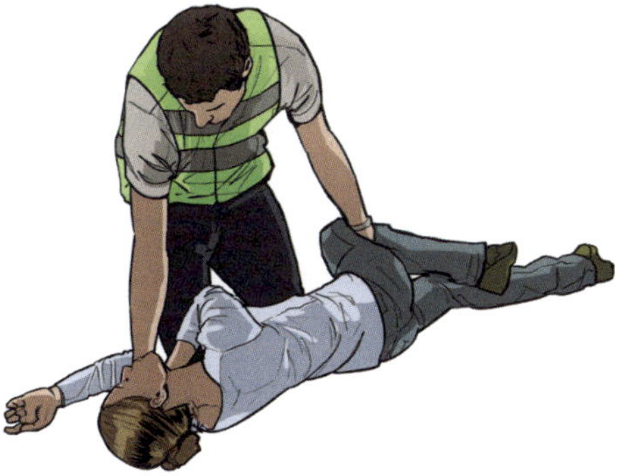

4- J'alerte les secours

Je surveille en permanence la respiration de la victime, jusqu'à l'arrivée des secours.

En cas de perte de connaissance, je libère les voies aériennes de la victime en attendant l'arrivée des secours.

A SECOURIR / ARRÊT CARDIAQUE

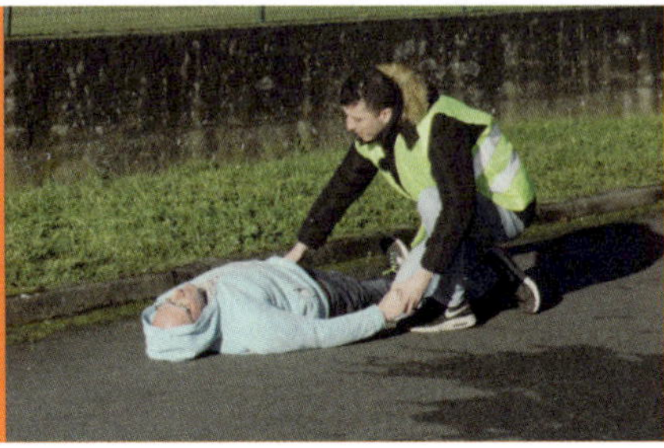

Si une victime est en arrêt cardiaque, il faut pratiquer immédiatement une réanimation cardio-pulmonaire :

A > OUI

B > NON

QU'EST-CE QU'UN ARRÊT CARDIAQUE ?

Une personne est en arrêt cardiaque si son cœur ne fonctionne plus ou fonctionne d'une façon anarchique (ne permettant plus d'assurer l'oxygénation du cerveau).

Les lésions du cerveau, dues au manque d'oxygène, surviennent dès les premières minutes. Le risque d'un arrêt cardiaque est la mort de la victime en quelques minutes.

Les signes d'un arrêt cardiaque

La victime ne répond pas, ne réagit pas et :

- **elle ne respire pas** (je ne perçois aucun mouvement de sa poitrine, aucun bruit et aucun souffle),
- **ou elle présente une respiration anormale** (mouvements respiratoires inefficaces, lents, irréguliers et bruyants).

La marche à suivre pour contrôler l'état de conscience et la respiration d'une victime est indiquée dans la partie « perte de connaissance » (page précédente).

Un arrêt cardiaque peut être dû à une détresse circulatoire (hémorragie, brûlure grave), un traumatisme, une obstruction totale des voies aériennes, une maladie du cœur, etc.

QUELS COMPORTEMENTS ADOPTER ?

1- ALERTER

Dans le cas d'un arrêt cardiaque, pour augmenter les chances de survie de la victime, **j'alerte les secours au plus vite**, de préférence avec mon téléphone portable. J'actionne le mode haut-parleur et je commence immédiatement le massage cardiaque en attendant que les services de secours répondent.

2- MASSER

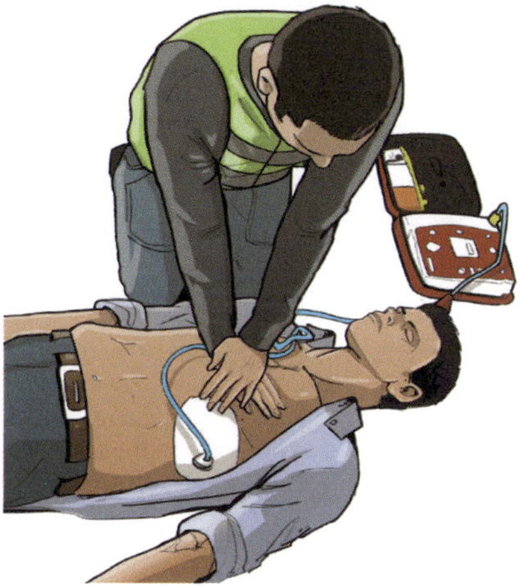

Je pratique une réanimation cardio-pulmonaire au plus vite, en répétant des cycles de 30 compressions thoraciques suivies de 2 insufflations. Si les insufflations ne peuvent pas être effectuées, je réalise uniquement les compressions thoraciques en continu.

Le service de secours pourra donner des instructions téléphoniques afin d'aider à la réalisation du massage cardiaque.

3- DÉFIBRILLER

Si un DAE (Défibrillateur Automatisé Externe) est visible, je le mets en œuvre le plus tôt possible et je suis ses instructions vocales en interrompant le massage cardiaque le moins possible.

Si le défibrillateur annonce que le choc est nécessaire, je demande aux personnes autour de s'écarter.

Après la délivrance du choc ou si le défibrillateur annonce que le choc n'est pas nécessaire, je reprends immédiatement les compressions thoraciques.

DAE

Le défibrillateur automatisé externe est un appareil qui peut permettre de rétablir une activité cardiaque normale à une victime en arrêt cardiaque.
Il se déclenche uniquement quand la victime est en arrêt cardiaque.

Lors de la mise en marche, toutes les instructions sont données, permettant de placer les électrodes au bon endroit.

Le DAE, présent dans beaucoup de lieux publics, ne nécessite pas de formation. Il n'est pas dangereux pour la victime et peut sauver une vie.

A SECOURIR / HÉMORRAGIE

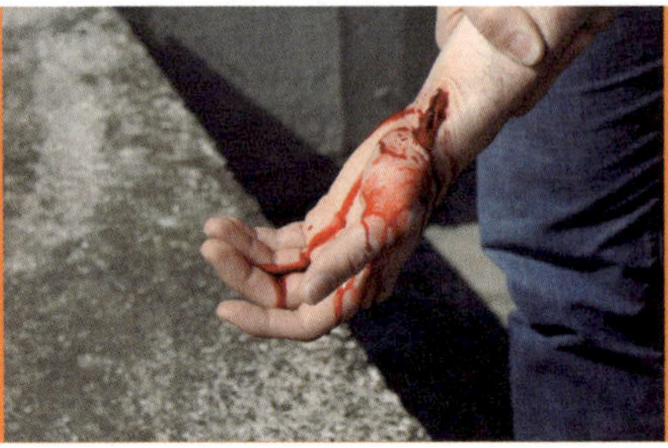

Une hémorragie est une perte de sang :

A > qui s'arrête spontanément

B > qui imbibe de sang un mouchoir en quelques secondes

COMMENT RECONNAÎTRE UNE HÉMORRAGIE ?

Une hémorragie est une perte de sang prolongée qui ne s'arrête pas spontanément. Elle imbibe de sang un mouchoir en quelques secondes.

Un saignement qui s'arrête spontanément n'est pas une hémorragie (une écorchure par exemple).

Une hémorragie peut être masquée par la position de la victime ou par un vêtement absorbant (blouson...).

- **Risques pour la victime : détresse circulatoire ou arrêt cardiaque** dû à une diminution importante de la quantité de sang dans l'organisme.
- Risque pour le sauveteur : être infecté par une maladie transmissible s'il a une plaie ou une piqûre ou en cas de projection de sang sur les muqueuses (bouche, yeux).

Une hémorragie est généralement due à un traumatisme comme un coup, une chute, une plaie par un objet tranchant, un projectile, etc.

Suite à un accident de la route, même si la victime répond et réagit, je vérifie l'absence d'hémorragie.

QUELS COMPORTEMENTS ADOPTER ?

1- J'appuie fort sur l'endroit qui saigne avec les doigts ou la paume de la main, **en interposant une épaisseur de tissu propre** recouvrant complètement la plaie (mouchoirs, torchons, vêtements...).

- Je demande à la victime de comprimer l'endroit qui saigne ;
- si la victime ne peut pas faire la compression elle-même, je le fais.

Il faut faire cette compression directe **jusqu'à l'arrivée des secours**.

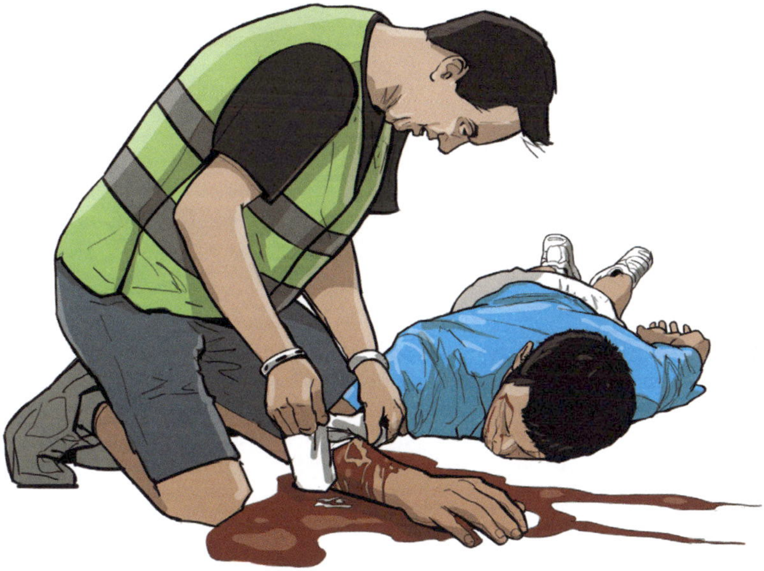

2- J'allonge la victime

3- J'alerte les secours

J'alerte les secours moi-même, et si je ne peux pas je demande à un témoin de le faire.

En cas d'hémorragie, je dois arrêter ou limiter la perte de sang de la victime et retarder l'installation d'une détresse qui peut entraîner la mort.

A SECOURIR / TRAUMATISME

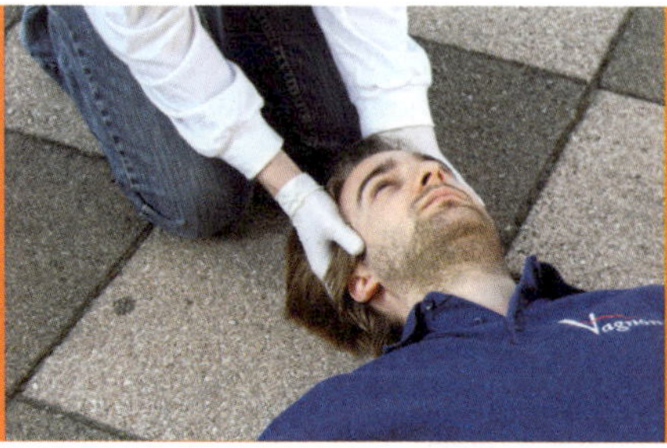

Les signes d'un traumatisme peuvent être :

- une douleur vive

A > OUI B > NON

- une difficulté à bouger

C > OUI D > NON

QU'EST-CE QU'UN TRAUMATISME ?

Un traumatisme est une lésion : des os (fracture), des articulations (entorses ou luxations), des organes, ou de la peau.

Les risques en cas de traumatisme sont des complications neurologiques (paralysie, perte de connaissance...), respiratoires (gêne ou détresse), circulatoires (détresse).

Les signes d'un traumatisme

Douleur vive, difficulté ou impossibilité de bouger, éventuellement gonflement ou déformation de la zone atteinte.

En cas de choc au niveau de la tête, du thorax ou de l'abdomen, une atteinte aux organes sous-jacents est possible.

En cas de traumatisme au niveau de la colonne vertébrale (douleur du dos ou de la nuque), une atteinte de la moelle épinière est possible.

Un traumatisme peut être le résultat d'un choc, d'un coup, d'une chute, etc. et peut atteindre toutes les parties du corps.

Des gestes de premiers secours mal exéctués peuvent entraîner l'aggravation des blessures de la victime, voire son décès.

QUELS COMPORTEMENTS ADOPTER ?

Je ne dois ni déplacer ni bouger la victime.

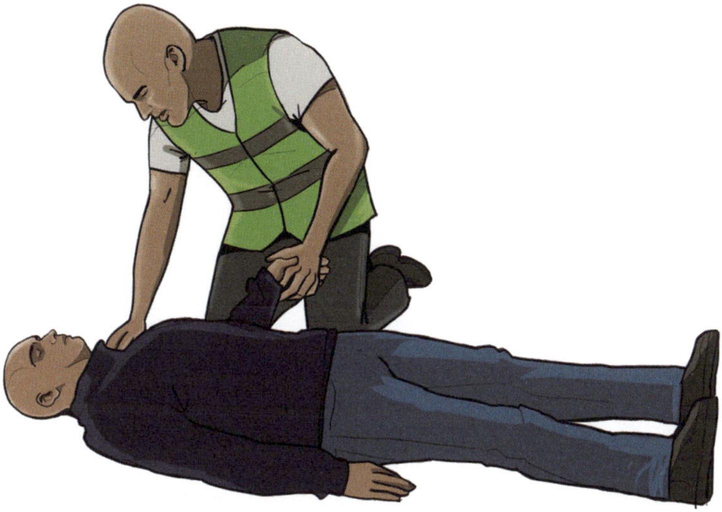

- Je reste près de la victime jusqu'à l'arrivée des secours, je la rassure et je l'incite à ne pas bouger. Je m'assure qu'elle reste consciente.
- Je couvre la victime si nécessaire (une victime choquée se refroidit vite). Si elle porte un casque intégral, j'ouvre la visière avec beaucoup de précautions.
- Je ne donne ni à boire ni à manger à la victime.

FORMATIONS RELATIVES AUX PREMIERS SECOURS

- Gestes qui sauvent (GQS)
- Prévention et secours civiques de niveau 1 (PSC 1)
- Prévention secours en équipe de niveau 1 (PSE 1)
- Premiers secours en équipe de niveau 2 (PSE 2)

Ces formations sont uniquement dispensées par les associations agréées et organismes habilités à la formation aux premiers secours par le ministère de l'intérieur et permettent d'acquérir les compétences nécessaires pour concourir par son comportement à la sécurité civile en vertu de l'article L.721-1 du Code de la sécurité intérieure.

Il est possible de suivre une formation aux premiers secours à partir de 10 ans.

A PROTECTION DES POPULATIONS

Une variation sur trois cycles successifs de la sirène du Signal National d'Alerte annonce :

A > le début de l'alerte

B > la fin de l'alerte

Lors d'une catastrophe naturelle ou technologique aux conséquences graves pour la population, chacun doit savoir réagir efficacement pour faciliter l'action des secours et réduire les conséquences des crises.

SYSTÈME D'ALERTE ET D'INFORMATION DES POPULATIONS

Le SAIP (Système d'Alerte et d'Information des Populations) est un ensemble d'outils : sirènes, médias (radios, télévision), application mobile, panneaux à messages variables, etc. **L'objectif du SAIP est d'avertir la population d'un danger imminent ou qu'un événement grave est en train de se produire.**

Le SNA : Signal National d'Alerte

- Sirène d'alerte : variation du signal sur trois cycles successifs d'une durée de 1 minute et 41 secondes
- Sirène de fin d'alerte : signal continu de 30 secondes

Nota : le premier mercredi de chaque mois, à midi, des essais sont réalisés pour permettre à chacun de pouvoir identifier le signal. Pour ne pas confondre ces essais avec le SNA, le signal d'essai est une variation sur un cycle de 30 secondes.

QUELS COMPORTEMENTS ADOPTER ?

Dès le déclenchement du SNA (Signal National d'Alerte), l'ensemble de la population doit se mettre à l'abri et s'informer sur la conduite à tenir (se confiner ou évacuer).

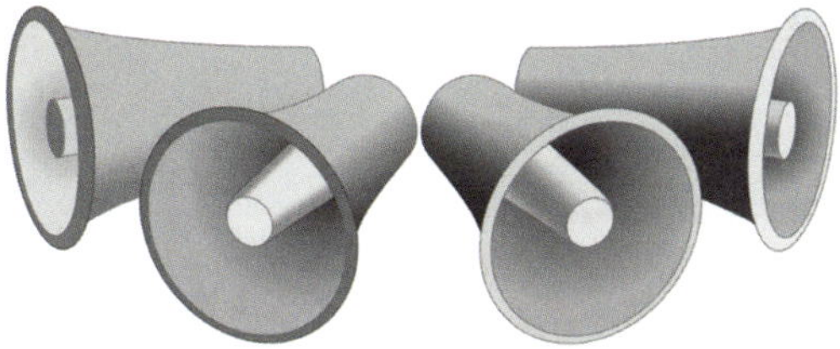

Dans tous les cas

Au déclenchement du SNA et jusqu'au signal de fin d'alerte :

- je me mets en sécurité, je rejoins sans délai un bâtiment,
- je m'informe grâce aux médias (radios, tv, internet),
- je respecte les consignes des autorités,
- je reste en sécurité et je ne vais pas chercher mes enfants à l'école (ils sont pris en charge par les enseignants),
- je ne téléphone pas (sauf urgence vitale) pour ne pas encombrer les réseaux.

En cas de confinement

- Je ferme les portes et les fenêtres.
- Je calfeutre les portes, les fenêtres et les bouches d'aération.
- J'arrête les systèmes de ventilation ou de climatisation.

En cas d'évacuation

- J'emporte mon kit d'urgence préparé à l'avance.

Pour en savoir plus et compléter mon kit d'urgence :
http://www.interieur.gouv.fr/Alerte/Alerte-ORSEC
http://www.gouvernement.fr/risques

> AUTO-TESTS

1 Arrivé le premier sur les lieux d'un accident de la circulation, je dois dans un premier temps :

A > secourir les victimes

B > prévenir les secours

C > protéger le lieu de l'accident

2 Le SIgnal d'Alerte et d'Information aux Populations peut être diffusé :

- grâce aux sirènes

A > OUI B > NON

- grâce aux médias

C > OUI D > NON

3 Pour évaluer l'état de conscience d'une victime, je peux :

- lui poser des questions simples

A > OUI B > NON

- lui demander d'exécuter un geste simple

C > OUI D > NON

4 Sur les lieux d'un accident :

- le port du gilet haute visibilité est obligatoire

A > OUI B > NON

- les feux de détresse du véhicule suffisent à se signaler

C > OUI D > NON

5 Je contacte les secours en composant le 12 :

A > OUI B > NON

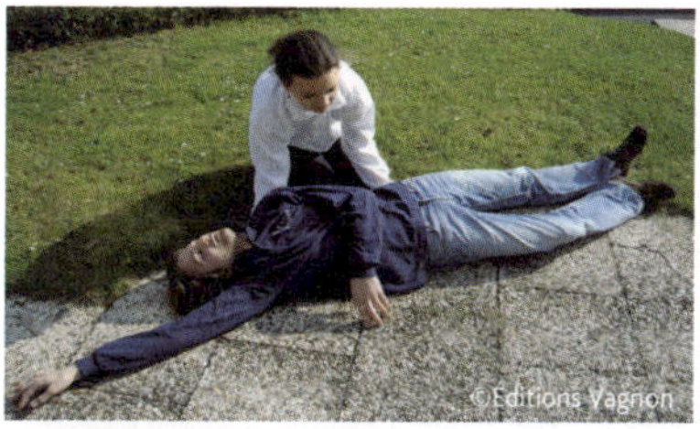

6 En cas de perte de connaissance, la victime :

A > ne respire pas
B > respire
C > ne répond pas
D > ne réagit pas

7 Je place une victime en Position Latérale de Sécurité si :

A > elle est en arrêt cardiaque
B > elle a perdu connaissance suite à un évenement non traumatique

8 Je peux déplacer un blessé en présence d'un danger :

A > réel, non immédiat et non contrôlable
B > réel, immédiat et contrôlable
C > réel, immédiat et non contrôlable

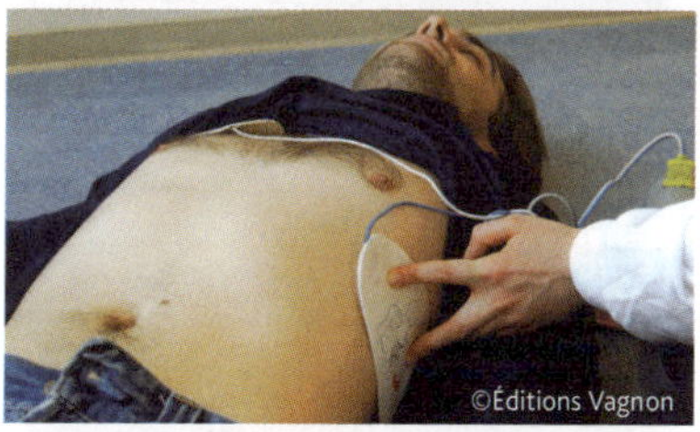

9 L'utilisation d'un défibrillateur automatisé externe nécessite une formation :

A > OUI
B > NON

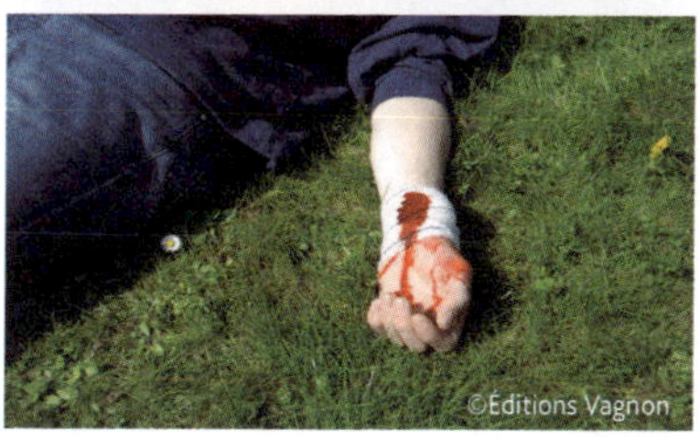

10 En présence d'une hémorragie :

• j'appuie fort sur l'endroit qui saigne

A > OUI B > NON

• je dois faire une compression jusqu'à l'arrivée des secours

C > OUI D > NON

Réponses aux tests en pages 246 et 247

A PORTER SECOURS

> ESSENTIELS

PROTÉGER LES LIEUX

- J'allume mes feux de détresse, j'enfile le gilet haute visibilité.
- Je mets les passagers à l'abri derrière la glissière ou sur l'accotement.
- Je place le triangle à au moins 30 m.

ALERTER LES SECOURS

- J'évalue rapidement la situation et les risques.
- Je donne une alerte rapide et précise en contactant le 15, le 18 ou le 112.
- Je ne raccroche pas avant que mon interlocuteur ne m'invite à le faire.

PORTER SECOURS

- Si une victime a perdu connaissance suite à évenement non traumatique, je la mets en PLS.
- Si une victime est en arrêt cardiaque, j'alerte, je masse, je défribrille.
- En cas d'hémorragie, j'appuie fort sur l'endroit qui saigne avec un tissu.
- En cas de traumatisme, je ne déplace pas la victime.

PRÉCAUTIONS NÉCESSAIRES À PRENDRE EN QUITTANT LE VÉHICULE

Risques en descendant du véhicule

En faisant le tour de ma voiture, avant de monter, je vérifie :

- l'absence d'obstacle

A > OUI B > NON

- l'état des pneumatiques

C > OUI D > NON

Boîte automatique

Sur une boîte de vitesses automatique, le sélecteur comporte les lettres suivantes :

D = Drive (conduite)

R = Reverse (marche arrière)

N = Neutral (point mort - à utiliser si le véhicule doit se faire remorquer par exemple)

P = Park (parking)

Avec une boîte automatique, j'appuie sur le frein pour positionner le sélecteur sur D (Drive).
Sur D, le véhicule avance dès que je relâche le frein.
Pour passer de D à R, le véhicule doit être arrêté.

VISIBILITÉ

Pour conduire, il est important d'avoir une bonne visibilité depuis le poste de conduite.
Je nettoie régulièrement toutes les surfaces vitrées.

Neige et gel

Avant de partir, je retire la neige :

- de l'ensemble du pare-brise avant, de la lunette arrière et de toutes les vitres latérales,
- des blocs optiques afin de mieux voir et d'être mieux vu, des plaques d'immatriculation,
- du toit, pour éviter qu'elle ne tombe sur un autre usager en roulant.

Lorsque la visibilité est nulle à cause du gel, j'allume le moteur et j'enclenche le désembuage du pare-brise avant et le dégivrage de la lunette arrière. Puis je gratte le pare-brise et les vitres latérales entièrement pour enlever le gel.

Il est très déconseillé de verser de l'eau chaude sur le pare-brise car cela provoque un choc thermique qui peut le fissurer.

MONTER DANS LE VÉHICULE

Pour ouvrir la portière, si la pile de la télécommande ne fonctionne plus, j'insère dans la serrure la **clé intégrée à la télécommande**.

Pour plus de sécurité, je fais monter les passagers (en particulier les enfants) du **côté du trottoir**.

Je vérifie que chaque passager a sa **ceinture de sécurité** attachée.

En mettant le contact, je vérifie que tous les voyants fonctionnent et que les aiguilles bougent. Lors de la mise en marche du moteur, je vérifie **l'absence de voyants rouges** indiquant un danger, et le niveau de carburant.
NOTA : L'antivol de direction bloque le volant si la clé n'est pas dans le contact. Pour le débloquer, je tourne la clé en bougeant doucement le volant.

Je paramètre mon **aide à la navigation (GPS) avant de partir** pour ne pas être distrait durant la conduite.

Je peux programmer mon autoradio pour écouter les **alertes d'informations routières**.

En présence d'un **frein de stationnement électrique**, il peut être désactivé manuellement ou de façon automatique.

Je contrôle l'**absence d'autres usagers sur la chaussée** pour m'engager : **dans les rétroviseurs et en vision directe**.

VÉRIFICATIONS

En faisant le tour de la voiture avant de monter :

- Je m'assure qu'aucun obstacle n'est présent autour du véhicule.
- Je vérifie les pneumatiques (usure, état : le flanc ne doit pas être déchiré, gonflage apparent pour vérifier qu'aucun pneu n'est à plat notamment).
- Si je constate la présence d'un liquide sous le moteur, je vérifie les niveaux.

Avant de partir :

- Je m'assure que j'ai avec moi les documents obligatoires.
- Je surveille le niveau de carburant (particulièrement avant de prendre l'autoroute).
- Avant un voyage, je prépare mon itinéraire et je ne me fixe pas d'heure d'arrivée. Je me renseigne sur les conditions de circulation via un site ministériel.
- Avant de partir pour un séjour d'hiver en montagne, je me renseigne sur l'état des routes et j'essaie le montage des chaînes à neige.
- Lorsque j'emprunte un véhicule, même pour un court trajet, je me familiarise aux équipements et commandes avant le départ, et je fais les réglages nécessaires.

Au démarrage :

- Si le véhicule cale, cela peut provenir d'un rapport de vitesse mal adapté ou bien d'un mauvais dosage accélérateur/embrayage.
- Lors des démarrages en côte, pour éviter de caler, j'accélère plus fort.

P QUITTER LE VÉHICULE

Avant d'ouvrir la portière, je contrôle :

- le rétroviseur gauche

A > OUI B > NON

- l'angle mort gauche

C > OUI D > NON

POUR STATIONNER

- Avant de m'arrêter pour manœuvrer, je contrôle la présence d'autres usagers et j'actionne le clignotant avant de ralentir.
- Pour effectuer une manœuvre de stationnement, je régule l'allure avec le point de patinage d'embrayage.
- Une fois stationné, je mets le point mort, je serre le frein de parcage[1] et j'arrête le moteur.

Nota : Avec une boîte automatique, lorsque j'immobilise mon véhicule, je place le sélecteur sur la position P et j'actionne le frein de parcage.

Pour stationner en pente, j'enclenche une vitesse et je braque les roues vers le trottoir, pour éviter que le véhicule ne soit emporté par la descente.

Risque : même sur terrain plat, le verrouillage du frein à main est obligatoire car si mon véhicule est percuté par un autre véhicule, il pourrait se déplacer et créer un danger.

Je replie les rétroviseurs :

- côté trottoir pour faciliter le passage des piétons,
- côté rue, lorsque je suis stationné en créneau, pour éviter qu'il ne soit cassé par un usager passant trop près de mon véhicule.

[1]Frein de parcage : souvent appelé frein à main, il peut être placé entre les sièges ou, sur certains modèles, actionné par une commande manuelle ou par une pédale.

POUR SORTIR DE LA VOITURE

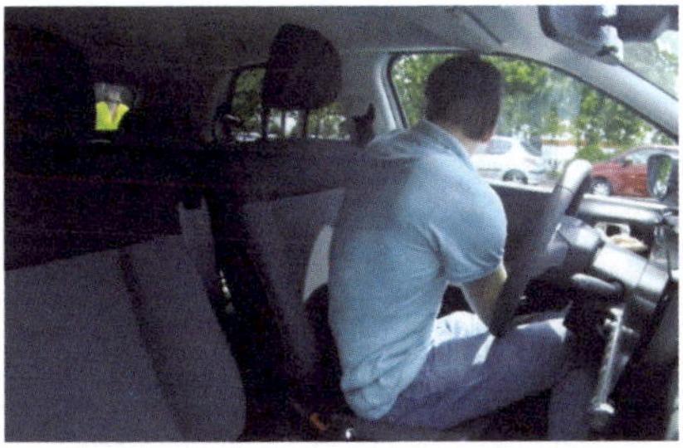

Si je stationne le long d'une bande cyclable, je dois m'assurer de ne pas gêner un deux-roues en accédant ou en sortant du véhicule. S'il heurte une portière, l'accident peut être très grave.

- Avant de sortir, je contrôle dans le rétroviseur extérieur gauche et je regarde dans l'angle mort. Si un usager arrive, j'attends qu'il passe avant d'ouvrir.
- J'utilise ma main droite pour ouvrir la portière, ce qui me permet de regarder plus facilement vers l'arrière au moment d'ouvrir la portière.

Je n'ouvre pas la portière trop brusquement, ni au maximum. Ouvrir sa portière de manière dangereuse peut entraîner une amende.

Risque : Un enfant qui descend côté rue a une mauvaise visibilité sur la circulation et risque de se faire percuter par un véhicule. Je fais descendre les enfants côté trottoir.

AVANT DE M'ÉLOIGNER

Avant de m'éloigner du véhicule et pour limiter les risques d'effractions :

- je replie les rétroviseurs,
- je vérifie la fermeture des vitres, particulièrement si j'ai transporté des passagers à l'arrière,
- je récupère tous les documents importants (certificat d'immatriculation, papier d'assurance, etc.),
- je ne laisse pas d'objets de valeur apparents qui pourraient attiser la convoitise. Je retire notamment le GPS, son support et son cordon,
- je verrouille les portières. Si le verrouillage ne s'effectue pas, cela signifie généralement qu'une portière ou le coffre n'est pas fermé correctement.

En sortant du véhicule, je m'assure de ne surprendre et gêner aucun autre usager. Je ne laisse jamais un enfant seul à bord du véhicule.

P S'INSTALLER AU POSTE DE CONDUITE

Lorsque je conduis un véhicule qui ne m'appartient pas, je règle :

- seulement les rétroviseurs

A > OUI B > NON

- seulement le siège

C > OUI D > NON

RÉGLAGE DU SIÈGE

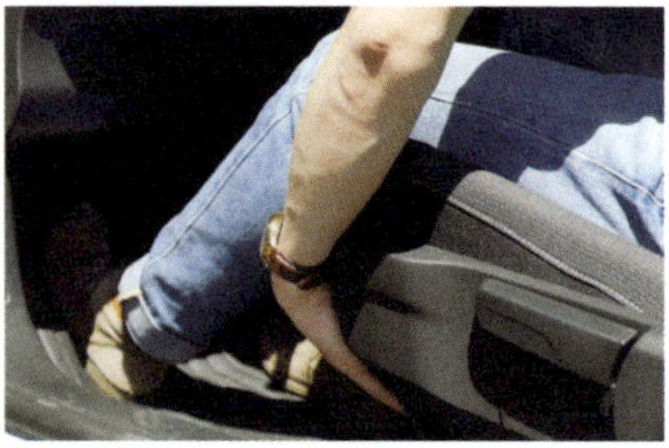

- En profondeur : calé au fond du siège, pied gauche appuyé à fond sur la pédale d'embrayage. La cuisse doit être en contact avec le siège et la jambe gauche légèrement fléchie.
- En hauteur : les yeux arrivent au milieu du pare-brise. **Bon réglage = action rapide sur les commandes et prise d'informations facilitée.**

Risque : être trop bas ou trop haut peut gêner la vision et empêcher de voir des informations de conduite importantes.

RÉGLAGE DU DOSSIER

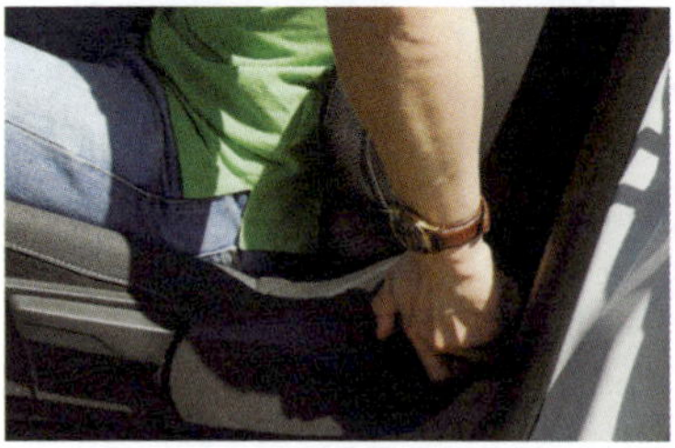

Pour régler correctement le dossier, je pose une main sur le haut du volant. Mon bras doit être légèrement fléchi. Une bonne position des mains permet un meilleur confort et une meilleure sécurité.

Les mains placées à l'extérieur de la couronne et sur la moitié supérieure du volant permettent un meilleur confort et une meilleure sécurité.

En cas de choc arrière, l'appuie-tête bien réglé évite le coup du lapin, c'est-à-dire, un retour brutal de la tête vers l'arrière. Le haut de la tête doit arriver au sommet de l'appuie-tête.

RÉGLAGE DU VOLANT

Le volant peut parfois être réglé en hauteur et/ ou en profondeur, pour optimiser le confort de conduite, retarder l'apparition de la fatigue, éviter les douleurs musculaires. Bon placement des mains = accès rapide aux commandes et gestion efficace d'un évitement d'obstacle. Mains à l'intérieur du volant = danger en cas de déclenchement de l'airbag.

RÉGLAGE DES RÉTROVISEURS

Les rétroviseurs doivent permettre de voir le plus loin possible vers l'arrière. Les rétroviseurs extérieurs doivent permettre de voir le plus large possible sur les côtés.

Nota : il existe une position dégivrage sur certains rétroviseurs.

Risque : même avec un bon réglage, il existe toujours un angle mort sur les côtés du véhicule. Je devrais tourner la tête pour compléter les rétroviseurs.

RÉGLAGE DE LA CEINTURE

La ceinture doit être systématiquement attachée. Elle empêche de heurter une partie de l'habitacle (volant, tableau de bord, montants, etc.) et évite d'être éjecté en cas d'accident.

En cas de non port de la ceinture :
perte de 3 points, amende 4ème classe

Risque : l'éjection du véhicule augmente les risques de blessures graves et de décès.

- Je m'assure que la ceinture n'est pas vrillée.
- Je place bien la sangle abdominale sur les os du bassin.
- Je règle en hauteur la sangle, de manière à ce que la ceinture ne me blesse pas au niveau du cou.
- Avant de monter en voiture, j'enlève mon manteau qui pourrait empêcher le bon positionnement de la ceinture.
- Mettre une pince ou tout autre dispositif bloquant la ceinture est interdit et limite l'efficacité de la ceinture.

Je m'installe correctement pour agir rapidement sur les commandes et limiter la fatigue.

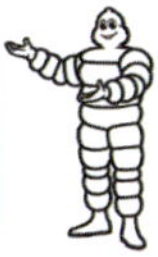

P PRÉCAUTIONS À PRENDRE EN QUITTANT LE VÉHICULE

> AUTO-TESTS

1 Le pare-brise devant moi est dégagé, je prends la route :

A > OUI

B > NON

2 Il est préférable de faire monter les enfants côté trottoir :

A > OUI

B > NON

3 Bien réglé, l'appuie-tête évite un retour brutal de la tête vers l'arrière :

A > OUI

B > NON

4 L'installation au poste de conduite s'effectue dans l'ordre logique :

A > ceinture, siège, rétroviseurs

B > siège, ceinture, rétroviseurs

C > siège, rétroviseurs, ceinture

5 Pour dégivrer le pare-brise, je le gratte :

A > OUI

B > NON

6 **J'ai la jambe tendue lorsque j'appuie sur la pédale d'embrayage, mon siège est mal réglé :**

A > OUI

B > NON

7 **Cette position des mains sur le volant est sans danger et me donne davantage de force :**

A > OUI

B > NON

8 **Personne dans le rétroviseur intérieur, je quitte le véhicule sans risque :**

A > OUI

B > NON

9 **J'ai encore le temps de descendre de mon véhicule :**

A > OUI

B > NON

10 **En quittant le véhicule, je laisse les papiers dans la boîte à gants :**

A > OUI

B > NON

Réponses aux tests en pages 246 et 247

P PRÉCAUTIONS À PRENDRE EN QUITTANT LE VÉHICULE

> ESSENTIELS

PRENDRE LE VÉHICULE

- Je m'assure que la visibilité est bonne avant de partir.
- Je m'assure que j'ai avec moi tous les documents obligatoires et je paramètre le GPS avant de partir.

QUITTER LE VÉHICULE

- Pour stationner en pente, je peux braquer les roues vers le trottoir et enclencher une vitesse.
- Avant d'ouvrir la portière, je m'assure qu'aucun usager n'arrive.
- Avant de m'éloigner, je verrouille le véhicule et je ne laisse rien en vue.

S'INSTALLER AU POSTE DE CONDUITE

- Lorsque je prends une voiture qui n'est pas mon véhicule habituel, je règle dans l'ordre : le siège, le dossier, le volant, les rétroviseurs, la ceinture.

M

ÉLÉMENTS MÉCANIQUES ET AUTRES ÉQUIPEMENTS LIÉS À LA SÉCURITÉ

Contrôle technique et freinage

Le contrôle des niveaux doit se faire sur sol plat :

A > OUI

B > NON

CONTRÔLE TECHNIQUE

Le premier contrôle technique doit être effectué à ma propre initiative **entre 3 ans et demi et 4 ans après la date de première mise en circulation** du véhicule.

Ensuite, il faut procéder à des contrôles **tous les 2 ans**.

Pour les véhicules utilitaires de moins de 3,5 tonnes, une visite complémentaire de contrôle de la pollution doit être effectuée entre deux contrôles techniques.

À l'issue du contrôle, un procés verbal comportant des lettres indique si le véhicule doit ou non subir une contre-visite :

A = favorable
Lorsque le contrôle technique est favorable, sa date de validité est inscrite sur le certificat d'immatriculation. La vignette est collée sur le pare-brise.

S = défaillance majeure
Le conducteur dispose alors de deux mois pour effectuer les réparations nécessaires et réaliser la contre-visite.

R = défaillance critique
La validité du contrôle est limitée au jour du contrôle. En effet, une défaillance critique constitue un danger direct et immédiat pour la sécurité routière ou ayant une incidence grave sur l'environnement.

Vente du véhicule

Pour mettre en vente un véhicule de plus de 4 ans, l'attestation de contrôle technique doit dater de **moins de 6 mois.**

ÉQUIPEMENTS OBLIGATOIRES

Je dois toujours avoir à bord du véhicule :

- Un **gilet haute visibilité** à portée de main, que je dois enfiler avant de sortir du véhicule.

- Un **triangle de présignalisation,** à placer à au moins 30 mètres d'un véhicule immobilisé.

VÉRIFICATIONS

Je dois faire des contrôles périodiques (environ tous les mois ou 1 000 km) afin de maintenir mon véhicule en bon état. Pour ouvrir le capot, j'actionne une manette située à bord du véhicule, puis un levier situé sous le capot.

Niveaux

Les niveaux d'huile, de liquide de refroidissement, de freins et de lave-glace doivent se situer entre les repères mini et maxi. Si les niveaux sont insuffisants, je peux les compléter avec les produits adaptés.
La périodicité de la vidange est indiquée sur le carnet d'entretien.

MACIF **Prévention Antigel**

L'hiver, privilégiez les liquides antigel (liquide de refroidissement, lave-glace...).

Le contrôle des niveaux doit se faire sur terrain plat, moteur arrêté.

Risque : si je constate une baisse importante de liquide de frein, il existe peut-être une fuite. Je fais contrôler mon véhicule par un professionnel. Une petite baisse de liquide peut être due à l'usure des plaquettes de frein.

Visibilité

Je nettoie et vérifie régulièrement l'état des balais d'essuie-glaces. Je les remplace s'ils sont usés car ils laissent des traces sur le pare-brise.
Je vérifie la propreté des vitres, feux, plaques d'immatriculation et rétroviseurs extérieurs.

Risque : une plaque d'immatriculation non lisible peut entraîner une contravention.
Si une plaque a été abîmée, je la fais remplacer.

J'entretiens régulièrement ma voiture pour circuler en sécurité et éviter les frais inutiles.

La nuit, les feux d'angle permettent d'améliorer la visibilité dans les virages :

A > OUI

B > NON

DIVERS

Cartes et clés

Sur certaines voitures, des clés électroniques permettent d'ouvrir, de localiser (avec l'allumage des feux de détresse) et d'éclairer la zone d'approche du véhicule.

Dans certaines voitures, la clé est remplacée par une carte à insérer ou à avoir sur soi pour ouvrir les portières et démarrer le moteur.
Pour démarrer le véhicule, j'appuie sur un bouton.

Fusibles

Les emplacements et rôles des fusibles sont indiqués dans la notice d'utilisation.

Trappe à carburant

Elle peut être située à droite ou à gauche du véhicule.
Avec un véhicule diesel, je mets du gazole (B7).

OBLIGATOIRES

- **2 rétroviseurs** : un à gauche obligatoirement et un à l'intérieur.

- **1 essuie-glace** et **1 lave-glace.**

- **2 plaques** d'immatriculation identiques et non détachables.

- feux diurnes (sur les véhicules récents)

- **2 feux de position** visibles à 150 m, à l'avant et à l'arrière.

- **Des clignotants** : employés aussi comme feux de détresse.

- **2 feux de route** d'une portée d'au moins 100 m.

- **2 feux de croisement** d'une portée d'au moins 30 m. Les faisceaux éclairent plus loin à droite qu'à gauche pour ne pas éblouir les autres usagers.

- **2 catadioptres à l'arrière** qui réfléchissent la lumière à 100 m au moins.

- **2 feux stop**. Pour vérifier leur fonctionnement, je demande à quelqu'un de vérifier derrière pendant que j'appuie sur la pédale.

- **1 feu de brouillard arrière.**

NOTA : sur les symboles de feux, les traits vers la gauche signalent des feux avant ; les traits vers la droite signalent des feux arrière.

Les feux équipés de diodes LED assurent un éclairage puissant en consommant peu d'énergie.

FACULTATIFS

- **Les feux d'angles** : en complément des feux de route ou de croisement, ils améliorent la visibilité en virage ou tournant, lorsque je tourne le volant ou que j'actionne le clignotant.
- **Les feux adaptatifs** : passage automatique des feux de croisement aux feux de route et inversement, en fonction des conditions de circulation.

Je vérifie régulièrement l'état et le fonctionnement des feux du véhicule. Une augmentation de la fréquence de clignotement des clignotants indique qu'une ampoule est défectueuse, ou une défaillance du système électrique. Il est recommandé d'avoir une boîte d'ampoules de rechange.

Les voyants rouges signalent :

A > une anomalie de fonctionnement

B > un élément non dangereux

TABLEAU DE BORD

Lorsque je mets le contact tous les voyants s'allument quelques secondes. Je vérifie :

- le bon fonctionnement des voyants d'alerte rouges,
- le niveau de carburant (et le niveau d'huile s'il est affiché).
  Tous les voyants d'alerte doivent s'éteindre, sauf celui du frein à main s'il est serré.

Le cadran du compte-tours indique la vitesse de rotation du moteur. Il sert à aider le conducteur à choisir le bon rapport de vitesse.

La signification des voyants est indiquée sur la notice.
Tous les véhicules n'ont pas le même nombre de voyants.

Je suis en infraction en cas de panne de l'indicateur de vitesse.

VOYANTS ORANGE

Ils rappellent les éléments importants mais non dangereux.

Airbag passager avant désactivé
Ce voyant s'allume lorsque j'ai désactivé l'airbag passager, par exemple pour placer un siège bébé dos à la route.

Défaillance de l'airbag
Je fais vérifier mon véhicule par un spécialiste.

Dégivrage de la lunette arrière
Ce voyant est allumé lorsque j'ai actionné la commande de dégivrage de la lunette arrière. Pour éviter une surconsommation, je le désactive lorsqu'il n'est plus utile.

Feux de brouillard arrière
Ce voyant signale le fonctionnement des feux de brouillard arrière. Je les utilise uniquement en cas de brouillard ou chute de neige.

Anti Blocage System
En cas de freinage d'urgence, les roues risquent de se bloquer. Je fais vérifier mon véhicule par un spécialiste.

Pression des pneus : pression insuffisante ou crevaison
Je dois vérifier la pression des pneus dès que possible.

VOYANTS ROUGE

Ils indiquent une anomalie de fonctionnement ou un danger si je circule.

Température circuit de refroidissement
Le moteur n'est plus refroidi correctement. Je m'arrête pour éviter une casse moteur.

Pression d'huile
La pression d'huile est insuffisante : risque de surchauffe et de casse moteur.

Charge de la batterie
Je dois recharger la batterie ou changer l'alternateur.

Niveau de liquide de frein
Problème dans le circuit de freinage : risque de perte d'efficacité du freinage.

Portière ouverte
Ce voyant s'allume quand une portière est mal fermée.

Signal de détresse : je l'actionne lorsque je suis immobilisé sur la chaussée notamment.

Dès qu'un voyant rouge s'allume,
je m'arrête dès que possible en sécurité.

Lorsque mon véhicule est très chargé :

A > la hauteur des feux reste inchangée

B > je règle la hauteur des feux

LES VÉHICULES ÉLECTRIQUES

En ville, circuler avec un véhicule électrique réduit les nuisances sonores et la pollution atmosphérique.

AUTONOMIE

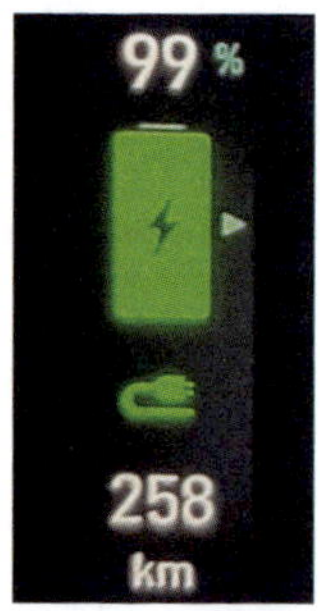

Sur les véhicules électriques, le tableau de bord indique **la charge des batteries de traction** ainsi qu'**une prévision de l'autonomie** du véhicule.

L'autonomie de mon véhicule électrique dépend :

- du niveau de charge de sa batterie de traction,
- de mon style de conduite,
- de l'utilisation ou non de la climatisation.

Avant un long trajet, je vérifie la charge de la batterie et les points de recharge sur mon itinéraire.

RECHARGE DE LA BATTERIE

Pour brancher mon véhicule électrique au dispositif de recharge, j'utilise toujours **le cordon de charge** fourni avec mon véhicule.

Je peux effectuer la recharge de mon véhicule électrique même par temps de neige ou de pluie.

NOTA : Le temps de chargement des batteries varie en fonction du dispositif auquel il est raccordé.

Sur mon véhicule électrique, ce symbole repère les éléments pouvant présenter des risques de brulûres graves ou de chocs électriques pouvant entraîner la mort.

LES COMMANDES

Les commandes ci-dessous permettent de :

- régler les rétroviseurs,

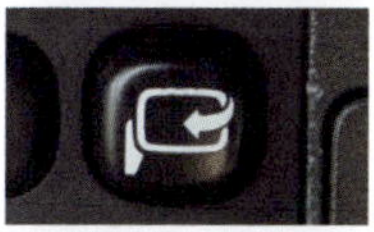

- replier les rétroviseurs extérieurs,

- désembuer les rétroviseurs extérieurs,

- régler la luminosité du tableau de bord,

- plafonnier : s'allume à l'ouverture des portières,

- désactiver le radar de recul,

- activer et désactiver l'airbag passager,

- neutraliser l'ouverture des vitres arrière,

- ouvrir et fermer les vitres,

- verrouiller la sécurité enfant,

- verrouiller la fermeture centralisée (cette commande ne verrouille pas la sécurité enfant),

- recycler l'air de l'habitacle (dans un tunnel ou un embouteillage par exemple),

- abaisser la hauteur des feux lorsque mon véhicule est chargé, afin de ne pas éblouir en face. 0 = position normale 3 = si le véhicule est très chargé

- activer le régulateur de vitesse (symbolisé par une flèche) ou activer le limiteur de vitesse (symbolisé par un panneau d'interdiction),

- Certains véhicules sont dotés d'un témoin de pression de pneu au tableau de bord qui alerte en indiquant quel pneu a une pression insuffisante. Il faut réinitialiser en appuyant sur le bouton après gonflage.

Je constate une baisse importante du liquide de frein :

A > j'attends le prochain contrôle technique

B > je fais examiner le véhicule par un spécialiste

SUSPENSION

La suspension maintient le contact entre les roues et le sol malgré ses irrégularités (indispensable à la tenue de route).
Elle réduit la fatigue mécanique et l'usure excessive. Elle améliore le confort des passagers.
Des suspensions en mauvais état entrainent une usure irrégulière des pneumatiques.

Risque : une voiture stationnée avec les roues à cheval sur le trottoir risque d'user anormalement les suspensions ainsi que les pneus.

EMBRAYAGE ET BOÎTE DE VITESSES

L'un des rôles de l'embrayage est de transmettre le mouvement du moteur vers les roues, d'une manière variable et progressive.

La pédale d'embrayage (sur les véhicules à boîte de vitesses manuelle) est utilisée pour démarrer, s'arrêter et changer de rapport de boîte de vitesses.
En circulation, lorsque la boîte de vitesses est au point mort, les roues ne sont plus entraînées par le moteur.

La boîte de vitesses permet d'adapter la force du moteur aux différentes situations de conduite.

MOTEUR

Le carburant utilisé est différent suivant les moteurs. Essence ou diesel est souvent indiqué sur le bouchon du réservoir (ou sur le certificat d'immatriculation).

Risque : se tromper de carburant oblige l'immobilisation du véhicule et un dépannage.

Il existe aussi des véhicules roulant au GPL (gaz de pétrole liquéfié) disponible dans certaines stations-services, ainsi que des véhicules électriques ou hybrides. Certains véhicules diesel possèdent un additif Adblue. Un manque de cet additif peut empêcher le démarrage. Ce liquide sert à réduire la pollution du moteur.

J'évite les régimes moteurs trop hauts ou trop bas qui entraînent une usure prématurée et une surconsommation de carburant.

Liquide de refroidissement : je complète le niveau quand le moteur est froid pour éviter tout risque de brûlure.

Liquide de lave-glace : il est préférable d'utiliser un liquide spécial en hiver pour éviter le gel du liquide.

Liquide de frein : je contrôle le niveau. En cas de baisse importante, je fais examiner le véhicule par un spécialiste.

Remplissage de l'huile : si nécessaire, je complète le niveau avec de l'huile pour moteur de même type (essence ou diesel), ayant des caractéristiques identiques.

Jauge d'huile : je contrôle le niveau d'huile moteur quand le moteur est froid et sur un plan horizontal.

Batterie : la décharge de la batterie peut provenir de l'utilisation des feux ou des accessoires électriques (démarreur, dégivrage, autoradio, climatisation...)

Risque : détérioration du moteur si l'entretien n'est pas effectué, si les niveaux sont incorrects.

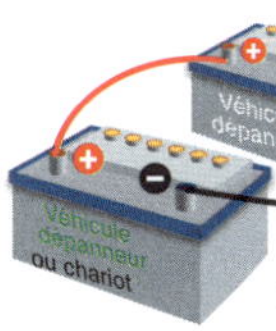

En cas de panne de batterie, pour démarrer le véhicule sans le déplacer, soit je branche une 2ème batterie en parallèle (les + ensemble et les - ensemble), soit je la remplace.
Je connecte en premier le câble de la borne + de ma batterie.

Le sous-gonflage des pneumatiques :

A > augmente le risque d'éclatement

B > accélère l'usure

C > augmente la consommation de carburant

D > améliore la tenue de route

CREVAISON

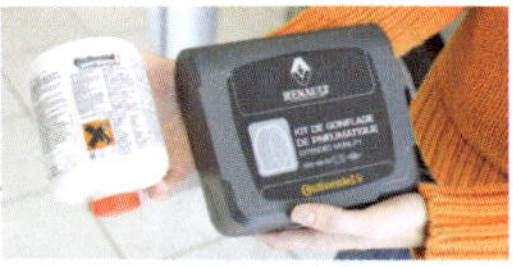

Bombe anticrevaison

En cas de crevaison, si mon véhicule n'est pas équipé de roue de secours, un dispositif de réparation provisoire du pneu est présent.

Roue de secours

La roue de secours n'est pas obligatoire mais il est dangereux de circuler avec des pneus en mauvais état.

1 • Je desserre les 4 écrous de la roue crevée dans le sens inverse des aiguilles d'une montre.

2 • J'installe le cric à l'endroit renforcé (indiqué par un repère) du côté de la roue crevée.
Je soulève la voiture.

3 • Je dévisse complètement les écrous. Je retire la roue crevée et je la remplace.

4 • Je revisse les écrous. Je fais descendre la voiture avec le cric. Je serre les écrous à l'aide de la clé.

Il existe des écrous antivol. Il est nécessaire d'avoir un adaptateur pour les enlever.
Lors du remplacement d'un pneu, les pneus d'un même essieu doivent être de structure identique.

Risque : En présence d'une roue "galette", la vitesse est limitée à 80 km/h. Je me rends au garage le plus rapidement possible.

Lors des manœuvres, j'évite de tourner les roues sur place pour préserver les pneumatiques et le système d'assistance.

CONTRÔLES

Les pneus sont des éléments essentiels à la sécurité, la tenue de route et le freinage en dépendent.

- **La pression des pneus**. Elle doit être contrôlée à froid. Les pressions préconisées sont notées sur la notice ou dans une portière. Il est conseillé de vérifier la pression tous les mois.

Dès que j'ai roulé 3 km, le pneu est chaud, il faut donc augmenter la pression préconisée de 0,3 bar.

Risque : des pneus sous-gonflés entraînent une surconsommation de carburant, une usure anormale (plus rapide sur les extérieurs de la bande de roulement), un risque d'éclatement et une moins bonne tenue de route.

- **Les flancs du pneu**. Il ne doit pas y avoir de déchirure, de hernie ou de déformation.

Sur le flanc est indiqué : l'indice de vitesse (vitesse maximale pouvant être atteinte par le pneu), l'indice de charge, la marque et les dimensions.

- **L'usure de la bande de roulement**. La profondeur des rainures principales ne doit pas être inférieure à **1,6 mm**. Lorsque la gomme atteint les indicateurs d'usure, cette profondeur d'1,6 mm est atteinte : il faut changer les pneus (distance d'arrêt allongée et risque d'aquaplanage).

Une usure irrégulière signale un défaut de parallélisme ou un sous-gonflage.
La différence d'usure entre 2 pneumatiques d'un même essieu ne doit pas dépasser 5 mm.

Pour repérer les indicateurs d'usure, des symboles sont présents sur le flanc.
Les indicateurs se trouvent en face de ces symboles, dans les sculptures des pneus.

> AUTO-TESTS

1 Lors d'un arrêt d'urgence, le gilet de sécurité doit être porté par le conducteur avant de sortir du véhicule

A > OUI

B > NON

2 Pour mettre en vente mon véhicule de plus de 4 ans, le contrôle technique doit dater de moins de :

A > 1 an

B > 6 mois

3 Je dois changer les pneus lorsque :

A > le pneu a 6 mois

B > le pneu a 1 an

C > la gomme de la bande de roulement atteint les indicateurs d'usure

4 Si le niveau de liquide de frein diminue légèrement, mais que le voyant d'alerte reste éteint, la cause probable est :

A > un frein à main défectueux

B > l'usure des plaquettes de frein

5 En cas de baisse importante du liquide de frein :

A > un témoin s'allume au tableau de bord

B > je fais l'appoint

C > j'emmène mon véhicule chez un professionnel

6 Je fais de préférence l'appoint de la pression d'air des pneumatiques de mon véhicule :

A > à froid
B > tous les mois
C > à chaud

7 Ce voyant allumé signifie que :

A > le circuit de freinage est défaillant

B > le moteur n'est plus refroidi

C > la pression d'huile est insuffisante

8 Des suspensions en mauvais état entraînent une usure irrégulière des pneumatiques :

A > OUI

B > NON

9 Heurter le trottoir lors de manœuvres risque d'endommager :

A > le moteur

B > les pneus et l'essieu avant

10 Lorsque je mets le contact, tous les voyants s'allument :

A > cela signifie que le véhicule est en panne

B > cela permet de vérifier le fonctionnement des voyants

Réponses aux tests en pages 246 et 247

M MÉCANIQUE ET ÉQUIPEMENTS LIÉS À LA SÉCURITÉ

> ESSENTIELS

ENTRETIEN ET ÉQUIPEMENTS

- Je conserve le gilet haute visibilité à portée de main et le triangle de présignalisation dans le véhicule.
- Je contrôle régulièrement les niveaux, et fais faire les contrôles techniques.
- Je m'assure que la visibilité est correcte (état des feux, des essuie-glaces...).

ÉLÉMENTS MÉCANIQUES

- J'entretiens le moteur en contrôlant les niveaux et en faisant faire les vidanges préconisées.
- Je fais contrôler régulièrement les éléments mécaniques pour éviter pannes, accidents et surconsommation.

PNEUMATIQUES

- Je contrôle régulièrement la pression des pneumatiques.
- Je vérifie l'état des flancs et l'usure de la bande de roulement pour réduire les risques d'accident.

ÉQUIPEMENTS DE SÉCURITÉ DES VÉHICULES

Installation
des passagers

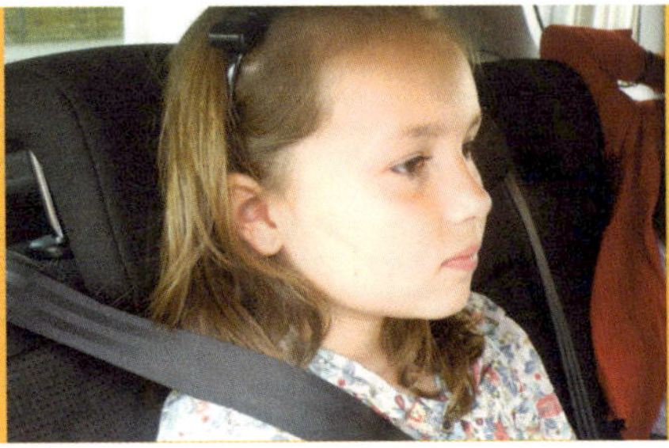

À partir de quel âge peut-on transporter un enfant à l'avant :

- A > 8 ans
- B > 10 ans
- C > 14 ans
- D > 18 ans

TRANSPORT DES ENFANTS

Je place tous les enfants de moins de 10 ans à l'arrière de la voiture. Les seules exceptions à cette règle sont les suivantes :

- si je transporte un bébé dans un siège dos à la route,
- si tous les sièges arrière sont déjà occupés par des enfants de moins de 10 ans,
- s'il n'y a pas de sièges arrière ou qu'ils sont inutilisables.

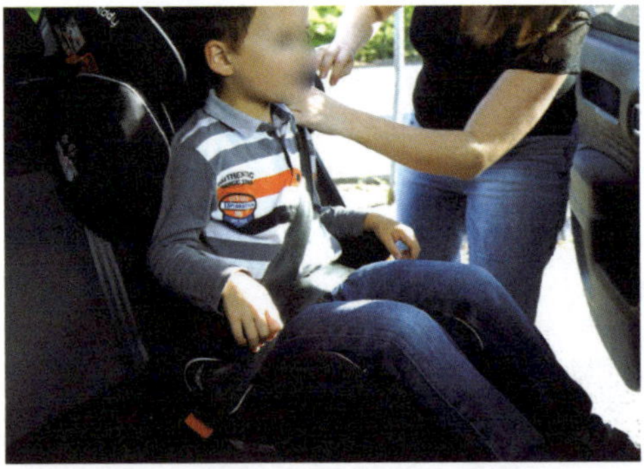

En tant que conducteur du véhicule, je suis responsable de tous les passagers de moins de 18 ans que je transporte.

Nota : j'actionne la sécurité enfant pour empêcher l'ouverture de la portière de l'intérieur.

Risque : si un enfant n'est pas ou mal attaché, j'encours une amende

Il est interdit de transporter un enfant de moins de 10 ans sur le siège avant (sauf siège dos à la route, pas de banquette arrière ou sièges déjà occupés par des enfants de moins de 10 ans).

Risque : j'encours une amende si un enfant de moins de 10 ans se trouve à l'avant.

Je prends le temps d'attacher correctement le siège à la voiture et d'ajuster le harnais ou la ceinture. J'installe tous les enfants dans des sièges adaptés.

SIÈGES AUTO

Groupe 0 : jusqu'à 10 kg - Groupe 0+ : jusqu'à 13 kg

Siège dos à la route
Il permet d'éviter les blessures des vertèbres cervicales en cas de choc frontal. Il peut être monté à l'avant ou à l'arrière.

installé à l'avant, je dois désactiver l'airbag passager.

Groupe 1 : de 9 à 18 kg

Siège à harnais
Le système de sangles maintient fermement l'enfant en passant sur ses deux épaules et entre ses jambes.

Groupe 2 : de 15 à 25 kg - Groupe 3 : de 22 à 36 kg

Siège rehausseur
Il permet d'être maintenu par une ceinture trois points arrivant à la bonne hauteur.

Les sièges pouvant être montés face ou dos à la route ont des repères de différentes couleurs pour le passage de la ceinture.

Je ne laisse jamais un enfant seul dans un véhicule, même pour quelques minutes, et même s'il est endormi.

Règlement R129 : Isofix

Un règlement est en place depuis juillet 2013 en parallèle du règlement actuel : les sièges sont installés avec le système Isofix[1]. Les sièges sont munis de 2 crochets, arrimés aux 2 points d'ancrage Isofix du véhicule. Ces attachent sont combinées avec un système de maintien complémentaire : sangle antirotation, jambe de force, bouclier d'impact ou ceinture de sécurité.

Selon le R129, les sièges ne sont plus classés par groupes mais homologués selon la taille de l'enfant :

- Siège bébé : jusqu'à 75 à 85 cm
Les enfants doivent être installés dos à la route jusqu'à 15 mois.
- Siège enfant : jusqu'à 105 cm
- Siège rehausseur : de 100 cm à environ 150 cm (dossier obligatoire pour les enfants mesurant moins de 125 cm)

Il faut suivre pas à pas la notice afin que le siège auto soit bien solidaire du siège de la voiture. Il ne suffit pas d'attacher l'enfant dans le siège, le siège lui-même doit être correctement fixé pour ne pas être projeté en cas de choc. En général, des indicateurs sur les sièges Isofix, signalent quand le siège est correctement fixé.
Pour que la ceinture soit efficace, j'enlève les manteaux des enfants.

[1] Isofix : norme ISO d'ancrage pour les sièges pour enfants. Objectif : faciliter l'installation du siège, en supprimant les problèmes de ceinture trop courte ou de sièges mal fixés.

S INSTALLATION DES ADULTES

Ne pas attacher sa ceinture à l'arrière peut avoir de graves conséquences :

- pour moi

A > OUI   B > NON

- pour le passager avant

C > OUI   D > NON

LA CEINTURE DE SÉCURITÉ

- Tous les passagers doivent être ceinturés. 1 place = 1 personne = 1 ceinture.
- Si plusieurs adultes sont présents dans la voiture, il est préférable de placer les plus grands sur les côtés afin de garder une bonne visibilité vers l'arrière.
- La ceinture de sécurité est obligatoire tout le temps, à l'avant comme à l'arrière, y compris sur les courts trajets et pour les femmes enceintes. Je ne détache jamais ma ceinture en circulation.

La sangle haute doit passer sur la clavicule, le plus loin possible du cou. La sangle basse doit s'appuyer sur les os du bassin et être plaquée sur le haut des cuisses.

Risque : une ceinture placée sur le ventre ou au niveau du cou pourrait blesser en cas de freinage fort ou de choc. La force exercée se ferait sur des parties fragiles du corps. L'efficacité de la ceinture est diminuée si le siège est incliné, si la personne est couchée, si la ceinture est vrillée ou mal ajustée, si elle est placée sous le bras ou retenue avec une pince.

Les passagers majeurs non attachés devront payer l'amende (aucun point ne sera retiré), mais en tant que conducteur, je suis garant de la sécurité : je demande aux passagers de s'attacher.

Les éléments de sécurité passive (exemples : ceinture, airbag) ont pour but de réduire les conséquences d'un accident.

La ceinture de sécurité empêche les occupants de heurter un obstacle comme le volant ou le pare-brise et empêche l'éjection du véhicule. Le fait d'être éjecté augmente le risque de blessures et de décès.

Risque : la ceinture résiste à une force de 3 tonnes, les bras résistent à 50 kg.
En cas de choc frontal, il n'est donc pas possible de se retenir avec la force des bras, même à 30 km/h.

LA CEINTURE À L'ARRIÈRE

Ne pas attacher sa ceinture à l'arrière peut avoir de graves conséquences pour le passager arrière : il sera éjecté ou écrasé sur le siège avant avec force.
Cela peut-être dangereux aussi pour le passager avant : il sera comprimé entre sa ceinture et le passager arrière.
Les passagers doivent régler leur appuie-tête, sortir de préférence côté trottoir en contrôlant avant d'ouvrir la portière. En présence de passagers adultes, la sécurité enfants ne doit pas être verrouillée.

L'AIRBAG

L'airbag (ou coussin gonflable) complète l'action de la ceinture mais ne peut pas la remplacer.

Risque : si un passager ne met pas sa ceinture, l'airbag percute violemment son visage et son sternum au moment où il se déploie.

Il est très dangereux pour le passager avant droit de mettre les pieds sur le tableau de bord. Si l'airbag se déclenche, les genoux sont projetés vers le visage.

Tous les passagers doivent être ceinturés.

S ÉQUIPEMENTS DE SÉCURITÉ

Le contrôle de trajectoire (ESP) :

A > réduit les distances de freinage

B > diminue les risques de dérapage en virage

C > permet de contrôler la vitesse

ÉQUIPEMENTS DE SÉCURITÉ

ABS : système antiblocage de roues

En cas de freinage d'urgence, l'ABS agit sur les freins. Il permet ainsid'**éviter le blocage des roues** et de conserver le **contrôle de la direction.**

L'ABS ne raccourcit pas la distance de freinage.

AFU : aide au freinage d'urgence

L'AFU détecte le passage anormalement rapide de la pédale d'accélérateur à la pédale de frein. Dans les situations d'urgence, il **amplifie au maximum le freinage** sans bloquer les roues. Ce système est combiné à l'ABS. En cas de déclenchement de l'AFU, les feux de détresse sont automatiquement allumés.

ESP : programme électronique de stabilité

L'ESP permet d'**améliorer le contrôle de la trajectoire**. Il détecte la perte d'adhérence en virage et agit sur le freinage de chaque roue pour éviter le dérapage et corriger la trajectoire.
Il se déclenche sans action du conducteur.
Si le voyant s'allume, cela peut indiquer une panne du système.

Risque : attention, l'ESP a ses limites : il ne permet pas d'éviter toute sortie de route

Les éléments de sécurité active (exemples : ABS, AFU) ont pour objectif d'éviter qu'un accident se produise.

Alerte de franchissement involontaire de ligne

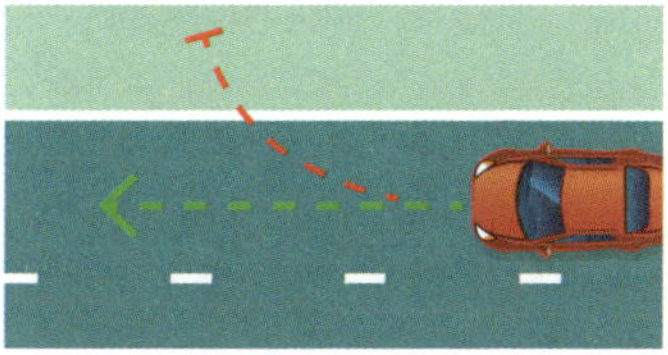

Cet assistant au maintien de voie avertit le conducteur quand il franchit une ligne sans actionner ses clignotants. Le siège conducteur ou son volant vibre ou bien un signal sonore est émis.

Risque : il ne fonctionne pas dans toutes les situations et ne dispense pas de garder les mains sur le volant.

Appel d'urgence et d'assistance localisé (e-call)

Cette fonction permet de prévenir les secours en cas de panne ou d'accident. Grâce à l'antenne GPS et à une carte SIM embarquée, le véhicule transmet en cas d'urgence un SMS avec les coordonnées géographiques jusqu'à une plate-forme d'assistance. Un opérateur peut alors prendre contact avec l'automobiliste.

Régulateur de vitesse et d'espacement (ou régulateur de vitesse adaptatif intelligent)

Ce dispositif freine automatiquement (sans action sur les commandes) et permet au véhicule d'en suivre un autre à une distance appropriée. Cependant, il importe de toujours rester maître de sa vitesse, ce dispositif n'évite pas toutes les collisions.

Equipements liés à la visibilité

Certains rétroviseurs intérieurs s'assombrissent la nuit lorsqu'il y a un usager à l'arrière.

Sur certains véhicules, les essuie-glaces et les feux s'allument automatiquement lorsque c'est nécessaire.

Sur certains véhicules, un système infrarouge permet de détecter un piéton ou un animal plus tôt.
Ce système de détection automatique des piétons ne fonctionne pas dans l'obscurité et ne détecte pas des piétons partiellement masqués. Il faut donc rester vigilant.

Le GPS se paramètre de préférence :

A > à l'arrêt

B > en circulation

AIDES À LA CONDUITE

Régulateur de vitesse

Il permet de **garder une allure constante**.
Il maintient la vitesse fixée sans conserver le pied sur l'accélérateur. Mais je garde les pieds proches des pédales pour agir vite si nécessaire.
Le régulateur est désactivé au contact du frein ou de l'embrayage.
L'utilisation du régulateur est adaptée à une circulation sur autoroute.

Risque : je dois désactiver le régulateur à l'approche des péages, dans les zones en travaux, à l'approche d'un accident ou si la circulation est dense.

Limiteur de vitesse

Il permet de **ne pas dépasser une vitesse définie**. Je conserve le pied sur l'accélérateur mais je ne peux pas dépasser la vitesse fixée. (Je reste vigilant à ne pas être en vitesse excessive.)

Système de surveillance d'angle mort

Le système de surveillance d'angle mort indique, par un pictogramme dans les rétroviseurs, la présence d'un véhicule dans les angles morts.

Risque : ce système ne doit pas m'empêcher de tourner la tête pour vérifier en vision directe.

GPS : géopositionnement par satellite

Il **guide le conducteur** par satellite. Il permet de s'orienter, de se situer, de trouver une adresse, de calculer un itinéraire et parfois d'informer des difficultés de circulation.

Risque : je règle le GPS à l'arrêt. Pendant la conduite, je suis le guidage sonore (complété par de brèves lectures visuelles). Les indications du GPS ne sont pas toujours fiables.

Prévention

MACIF

Le GPS par le téléphone

Si vous utilisez un système de navigation sur votre téléphone, pensez à son installation sur un support prévu à cet effet et à la manipulation avant de démarrer. Le téléphone tenu en main est interdit en circulation et peut être verbalisé lors de la conduite.

Radar et caméra de recul

Ils facilitent les manœuvres en marche arrière et permettent de détecter des obstacles à l'arrière du véhicule. Le signal sonore ou visuel varie en fonction de la distance de l'obstacle.

Risque : Ces dispositifs ne permettent pas de tout voir. Je dois toujours utiliser les rétroviseurs et tourner la tête lorsque je recule.

Aide au stationnement (Park Assist)

Aide à prendre et quitter un stationnement. Je dois surveiller la circulation de tous les côtés même si j'utilise cette aide. Avec certains véhicules, il faut gérer l'allure avec les pédales. Elle fonctionne pour les rangements en bataille et en créneau.
Ce système détecte si l'emplacement est adapté aux dimensions de la voiture.

Aide au démarrage en pente

Cette aide facilite le départ de la voiture arrêtée dans une pente alors que l'inclinaison l'incite à aller dans l'autre sens au relâchement des freins.

Système d'affichage tête haute

Il peut indiquer ma vitesse et des informations de guidage du GPS.

L'ordinateur de bord permet d'aider aux passages de vitesses et donne des informations sur la consommation de carburant.

> AUTO-TESTS

1 Le programme électronique de stabilité ESP permet d'améliorer le contrôle de la trajectoire :

A > OUI

B > NON

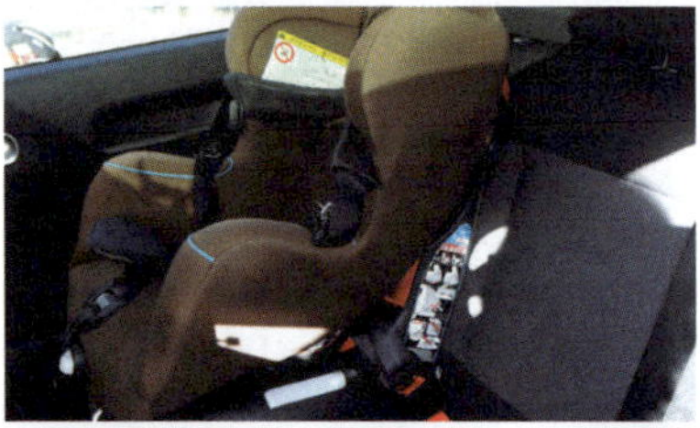

2 Avec le système Isofix, un siège auto doit être fixé au véhicule avec la ceinture de sécurité :

A > OUI

B > NON

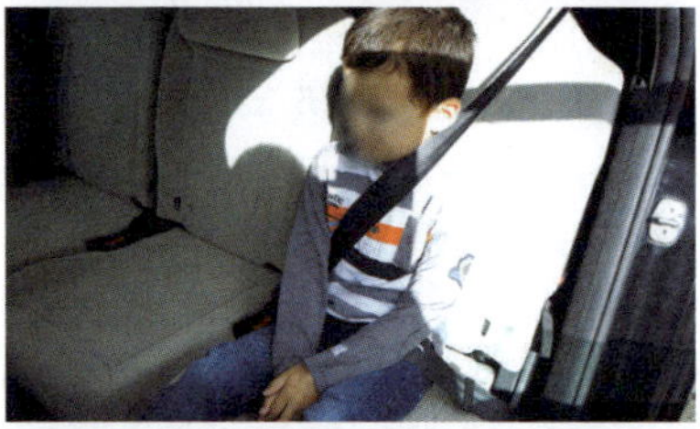

3 L'installation de cet enfant est :

A > réglementaire

B > sécuritaire

C > dangereuse

4 Si un passager majeur n'attache pas sa ceinture de sécurité :

A > j'encours une amende

B > il encourt une amende

5 En cas d'accident, porter la ceinture de sécurité :

A > évite d'être éjecté du véhicule

B > empêche les passagers d'évacuer

C > permet de limiter les blessures

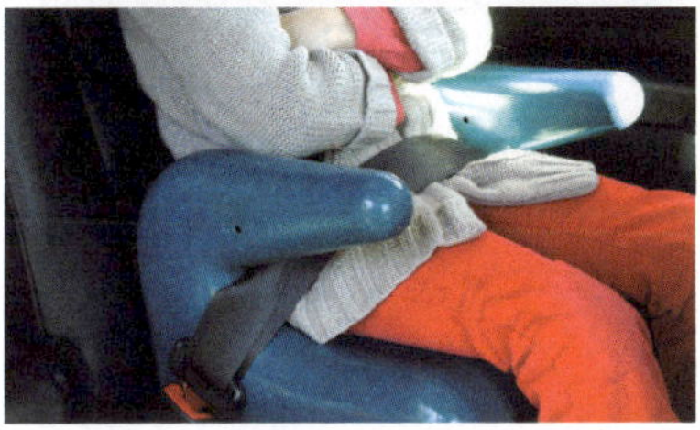

6 **Toujours disposé dos à la route, il peut être installé :**

A > sur le siège avant si l'airbag est désactivé

B > sur la banquette arrière

C > sur le siège avant si l'airbag est activé

7 **Je voyage seul avec mon enfant de 8 ans :**

A > je l'installe à l'avant pour qu'il ne s'ennuie pas

B > je l'installe sans rehausseur

C > je l'installe à l'arrière sur un rehausseur

8 **La programmation de mon itinéraire sur le GPS est réalisée lorsque je suis à l'arrêt :**

A > OUI

B > NON

9 **Le Park Assist (aide au stationnement) :**

A > dispense de surveiller la circulation

B > détecte si l'emplacement est adapté aux dimensions de ma voiture

10 **Les informations données par le GPS sont toujours fiables :**

A > OUI

B > NON

Réponses aux tests en pages 246 et 247

S ÉQUIPEMENTS DE SÉCURITÉ DES VÉHICULES

> ESSENTIELS

INSTALLATION DES ENFANTS

- Les enfants de moins de 10 ans doivent être placés à l'arrière.
- Je désactive l'airbag passager lorsqu'un bébé est placé dos à la route à l'avant.
- J'installe les enfants dans des systèmes de retenue homologués et adaptés.

INSTALLATION DES ADULTES

- Tous les passagers doivent boucler leur ceinture de sécurité Y COMPRIS À L'ARRIÈRE.
- Pour être efficace, la ceinture doit être positionnée sur les os du bassin et de l'épaule.

ÉQUIPEMENTS DE SÉCURITÉ

- Je n'utilise pas les aides à la conduite au détriment de la sécurité (réglage du GPS à l'arrêt, contrôle direct même en présence d'une caméra de recul...)
- La présence d'équipements de sécurité (ABS, ESP...) ne doit pas m'inciter à prendre des risques.

E

RÈGLES D'UTILISATION DU VÉHICULE DANS LE RESPECT DE L'ENVIRONNEMENT

Anticipation
et consommation

E SE DÉPLACER : ÉCOMOBILITÉ

Le covoiturage permet de réduire :

A > les coûts de déplacement

B > les rejets en CO_2

C > les bouchons

D > la longueur du trajet

POURQUOI CHOISIR L'ÉCOMOBILITÉ ?

Limiter la pollution globale due aux émissions de **gaz carbonique**. Le CO_2 contribue au réchauffement climatique par augmentation de l'effet de serre.

Risques : perturbations climatiques, élévation du niveau des mers et inondations des zones côtières, sécheresses...

Préserver la qualité de l'air en limitant la pollution locale, en cause dans certaines **maladies** comme les insuffisances respiratoires, la toux, les irritations oculaires...

Préserver la qualité de vie des habitants en limitant la pollution sonore, particulièrement en milieu urbain.

Il faut privilégier **les mobilités douces** qui sont les modes de déplacement sans apport d'énergie autre qu'humaine.

Temps de trajet en ville pour parcourir 2 km :

24 minutes

8 minutes

5 minutes (hors stationnement)

La vitesse moyenne d'un cycliste peut être égale ou supérieure à celle d'un automobiliste.

QUELS MODES DE TRANSPORT UTILISER ?

- **Marche à pied**, rollers, trottinette : à privilégier pour les trajets courts.
- **Gyropodes** : véhicule électrique monoplace. Il permet de se déplacer plus rapidement, silencieusement et sans émission polluante.

A trottinette électrique, monocycle ou gyropode, on doit circuler en règle générale sur les bandes cyclables, et à défaut sur la chaussée.

- **Vélo** : mode de déplacement le plus rapide en ville, où 40 % des déplacements n'excèdent pas 2 km. Permet d'éviter les bouchons et les problèmes de stationnement.
- **Vélopartage (Vélib, Bicloo, Vélo'V...)** : location de vélos en libre-service dans certaines villes, utilisables par tous.

Prise et dépôt des vélos à des bornes spécifiques réparties dans la ville. Je ne peux pas y déposer mon vélo personnel.

NOTA : pour plus de confort, pensez au vélo à assistance électrique, en plus c'est bon pour la santé !

Risques : la circulation en ville évolue. Redoublons de vigilance car ces nouveaux modes de déplacement multiplient les usagers fragiles.

- **Transports en commun** (tramway, autobus, train, métro) : permettent de faire des trajets plus ou moins longs, en polluant moins qu'avec une voiture particulière.
  Les transports en site propre (séparés de la circulation) permettent d'allier rapidité et ponctualité.

- **Autopartage** : location de voiture par abonnement pour une durée variable.

Avantages pour la société : moins d'encombrement des villes, moins d'émissions de CO_2. Avantages personnels : pas d'achat de véhicule, pas d'entretien, pas d'assurance, pas de soucis de stationnement.

Durant la location, je stationne sur n'importe quel emplacement autorisé. En revanche, il est interdit d'utiliser les emplacements «autopartage» pour un véhicule personnel. Attention : si je commets une infraction, je devrai payer le montant de l'amende.

- **Covoiturage** : utilisation d'un seul véhicule à plusieurs pour faire un trajet commun.

Avantages pour la société : moins de pollution, moins de bouchons. Avantages personnels : moins de frais de carburant, plus de convivialité.

Je peux m'inscrire sur des sites internet ou m'organiser avec des collègues de travail.

- **Intermodalité** : utilisation de plusieurs modes de transport lors d'un même déplacement.

Des parkings relais sont implantés aux périphéries de certaines villes, à proximité des transports en commun.

Le tarif du parking est diminué pour les utilisateurs du transport en commun.

E BRUIT ET POLLUTION

Pour l'achat d'un véhicule neuf, le constructeur doit pouvoir communiquer :

- le taux de rejet en gaz carbonique

A > OUI B > NON

- les consommations de carburant

C > OUI D > NON

CHOISIR SON VÉHICULE

Étiquette énergie

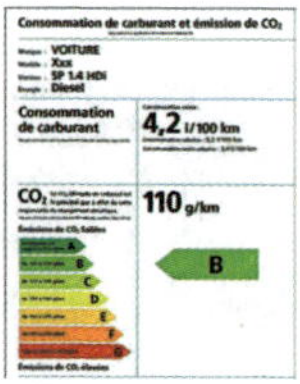

Lors de l'achat d'un véhicule neuf, le constructeur doit communiquer : le type de véhicule et de carburant, les consommations de carburant (urbaine, non urbaine et mixte), le taux de rejet en gaz carbonique (CO_2). Ce taux est indiqué par des couleurs et lettres (vert et A ou B : véhicules les plus propres ; rouge et G : véhicules les moins propres).
Le taux d'émission de CO_2 est aussi inscrit sur le certificat d'immatriculation.

Étiquette pneumatiques

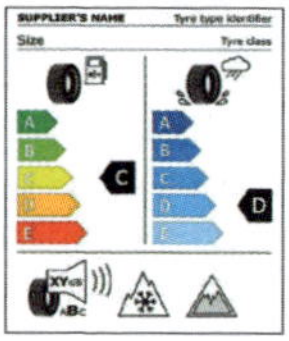

Une étiquette permet de choisir ses pneus selon 3 objectifs :
- réduire la consommation de carburant et les émissions de polluants,
- améliorer la sécurité (adhérence sur sol mouillé),
- réduire le bruit de roulement des pneus.

Vignettes Crit'Air

Le certificat qualité de l'air est obligatoire dans certaines villes pour circuler et stationner. Il est à coller sur le véhicule. Il indique sa classe environnementale en fonction de ses émissions de polluants atmosphériques.
Il permet de favoriser les véhicules les moins polluants : modalités de stationnement favorables, possibilité de circuler dans les zones à faibles émissions ou lors de la circulation différenciée en cas de pic de pollution.

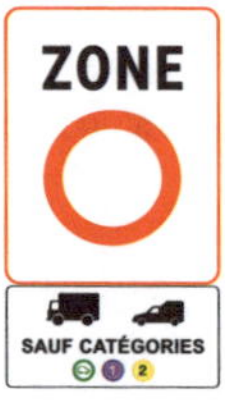

Entrée de zone à faibles émissions. Ces zones sont mises en place pour améliorer la qualité de l'air.

Le panonceau indique les véhicules autorisés à circuler.

Véhicules hybrides et électriques

Leur utilisation est moins polluante qu'un moteur essence ou diesel. Les véhicules électriques sont très peu bruyants.

Le bioéthanol peut être utilisé dans certains véhicules neufs ou bien dans les véhicules équipés pour devenir compatibles.

ENTRETENIR SON VÉHICULE

Un véhicule mal entretenu consomme et pollue plus. **Un entretien régulier permet jusqu'à 25 % d'économies de carburant.**

- **Je vérifie régulièrement** les niveaux, la pression des pneus, les filtres.
- **Je fais faire un entretien régulier** par un spécialiste et je fais vérifier mon véhicule en cas d'anomalies (fumées importantes ou bruit anormal par exemple). Je fais vérifier le filtre de climatisation.

Risque : Au contrôle technique, une non-conformité du niveau de pollution sur mon véhicule diesel entraîne une défaillance majeure.

Le niveau sonore à la sortie du pot d'échappement et la teneur en monoxyde de carbonne sont mesurés lors du contrôle technique (et parfois lors de contrôles routiers). Une contre-visite est obligatoire si l'un de ces 2 éléments n'est pas conforme.

Autres nuisances sonores : actions répétées sur la pédale d'accélérateur, conduite et comportement nerveux du conducteur, usage intempestif du klaxon, moteur qui tourne inutilement à l'arrêt (pour chauffer l'habitacle, lors d'un arrêt pour décharger, etc.).

CHARGER SON VÉHICULE

Un véhicule chargé consomme et pollue plus. **J'augmente la pression des pneus et j'adapte ma conduite.**

L'aérodynamisme du véhicule est modifié avec la présence de barres de toit, coffre de toit, porte-vélo, etc.

Pour limiter la consommation de carburant, je place mes bagages de préférence dans le coffre, en deuxième choix dans un coffre de toit et en troisième choix sur une galerie.

Risque : lorsque le véhicule est très chargé, la tenue de route et le freinage sont dégradés, je risque de perdre le contrôle du véhicule.

E PRATIQUER L'ÉCOCONDUITE

Sur autoroute, rouler à 120 au lieu de 130 km/h permet :

- d'économiser 1 litre de carburant aux 100 km

A > OUI B > NON

- de réduire les émissions de gaz carbonique

C > OUI D > NON

UTILISER LES ACCESSOIRES

Utiliser la climatisation augmente la consommation de carburant et les émissions de gaz carbonique.

Elle apporte du confort mais doit être utilisée de façon rationnelle :

- je stationne à l'ombre,
- j'aère le véhicule avant d'allumer la clim,
- je limite à 5° C la différence entre intérieur et extérieur.

Risque : - 8° dans l'habitacle = + 16 à 20 % de consommation sur route.

Utiliser les aides à la conduite permet de moins consommer.

- L'ordinateur de bord[1] permet de vérifier la consommation moyenne ou en temps réel.
- Le compte-tours donne une indication pour changer de vitesse de façon économique. J'essaie de circuler plutôt à bas régime.
- Le régulateur permet de maintenir une vitesse constante.
- Le GPS[2] permet de calculer l'itinéraire le plus court, de ne pas se perdre et parfois d'éviter les bouchons.
- Le stop-and-start permet l'arrêt et le redémarrage automatique du moteur.

[1] Ordinateur de bord : il mesure la distance parcourue, la vitesse moyenne, les consommations moyenne et instantanée.
[2] GPS : Système de positionnement mondial qui permet de se localiser et de s'orienter.

MOINS CONSOMMER POUR MOINS POLLUER

Au démarrage, le moteur consomme plus (50 % de plus lors du 1er km). Il est inutile et polluant de faire chauffer le moteur à l'arrêt.

La vitesse doit rester constante : j'évite freinages et accélérations inutiles. Dans les descentes et dès que possible, je lève le pied de l'accélérateur, sans circuler au point mort. Dans les montées, j'accélère modérément.

Quand j'aperçois un stop ou un feu rouge, j'arrête d'accélérer pour moins freiner ensuite. Ainsi, j'économise du carburant et je préserve les plaquettes de frein. Je peux choisir de rouler un peu en dessous des limitations de vitesse sans toutefois gêner les autres usagers.

Je conduis en souplesse. Je passe rapidement les vitesses car le moteur consomme moins sur le rapport le plus haut (en 5e ou 6e).

Risque : en ville, une conduite nerveuse engendre jusqu'à 40 % de surconsommation.

J'anticipe, je prévois les situations pour ne pas être surpris et **réagir vite**. Je conserve toujours une bonne distance de sécurité (même en ville).

Risque : si je circule trop près : avoir un accrochage avec le véhicule qui précède.

En cas de bouchon, si l'arrêt dure plus de 20 secondes, je n'hésite pas à **couper le moteur**. Je coupe également le moteur le temps de charger ou décharger mon véhicule.

En cas de pics de pollution, les vitesses peuvent être abaissées de 20 à 30 km/h. Je suis informé de ces limitations par des panneaux à messages variables, la radio, Internet...

Risque : si je ne respecte pas ces limitations, je risque une amende, un retrait de points et l'immobilisation du véhicule.

Peuvent aussi être mis en place : restrictions de circulation, circulation alternée, priorité aux véhicules les moins polluants et au covoiturage, stationnement résidentiel gratuit.

Je conduis en souplesse pour faire des économies, respecter l'environnement et limiter la pollution sonore.

E VÉHICULES ET ENVIRONNEMENT

> AUTO-TESTS

1 En ville, la vitesse moyenne d'un cycliste peut être supérieure à celle d'un automobiliste :

A > OUI

B > NON

2 Si je loue une voiture en autopartage, je devrai payer :

A > les frais d'entretien

B > le montant de l'amende si je commets une infraction

3 Le covoiturage permet de réduire :

A > la longueur du trajet

B > les rejets en CO_2

4 Circuler à vélo permet d'éviter :

A > les bouchons

B > les problèmes de stationnement

C > les accidents

5 La lecture du compte-tours est une aide à la conduite éco :

A > OUI

B > NON

6 À l'arrêt dans des bouchons :

A > la pollution de l'air est faible

B > je laisse le moteur en marche

C > je coupe le moteur

7 Par forte chaleur, il est préférable au démarrage :

A > de fermer les vitres et d'actionner la climatisation

B > d'aérer avant de partir

C > de rouler les vitres ouvertes pendant quelques minutes

8 Si je ne respecte pas la limitation de vitesse lors d'un pic de pollution, je risque :

A > uniquement une amende

B > une amende et l'immobilisation du véhicule

9 Le certificat Crit'Air est obligatoire :

A > sur le territoire français

B > uniquement sur les véhicules neufs

C > dans certaines villes lors de la circulation différenciée

10 L'étiquette énergie d'un véhicule indique :

A > la consommation de carburant

B > les émissions sonores en décibels

C > les rejets de CO_2

Réponses aux tests en pages 246 et 247

> ESSENTIELS

ÉCOMOBILITÉ

- Pour les trajets courts, je privilégie les transports doux comme la marche à pied ou le vélo.
- Pour les trajets longs, je pense au covoiturage.
- L'autopartage permet de réduire l'encombrement des villes et la pollution.

BRUIT ET POLLUTION

- J'entretiens le véhicule régulièrement.
- Avec un véhicule très chargé, je surgonfle légèrement les pneus.
- Je me renseigne sur la consommation, le bruit, etc. avec les étiquettes pneumatique et énergie.

ÉCOCONDUITE

- J'anticipe et je conduis en souplesse.
- Je conserve une vitesse stable et je passe les vitesses avant d'être en surrégime.
- Je conserve des distances de sécurité importantes.

ANNEXES

EXEMPLES DE RETRAITS DE POINTS

Classe	LIBELLÉ DE LA CONTRAVENTION	Retrait points	Suspension maximale
2e	• Changer de direction sans avertir	3	3 ans
3e	• Excès de vitesse < 20 km/h avec limitation > 50 km/h	1	non
4e	• Excès de vitesse < 20 km/h avec limitation ≤ 50 km/h	1	non
4e	• Chevauchement de ligne continue	1	3 ans
4e	• Chevauchement ou franchissement de la bande d'arrêt d'urgence BAU	1	3 ans
4e	• Excès de vitesse ≥ 20 et < 30 km/h	2	non
4e	• Excès de vitesse ≥ 30 et < 40 km/h	3	3 ans
4e	• Usage d'un téléphone tenu en main ou port à l'oreille d'un dispositif pouvant émettre du son.	3	3 ans
4e	• Non-respect de la distance de sécurité	3	3 ans
4e	• Défaut de port de la ceinture (conducteur)	3	non
4e	• Excès de vitesse ≥ 40 et < 50 km/h	4	3 ans
4e	• Circulation en sens interdit	4	3 ans
4e	• Refus de priorité aux intersections	4	3 ans
4e	• Refus de priorité à un piéton	6	3 ans
4e	• Conduite en état alcoolique : ≥ 0,25 et < 0,40 mg/l d'air expiré (hors probatoire) ou ≥ 0,10 et < 0,40 mg/l d'air expiré (pour les conducteurs novices)	6	3 ans
5e	• Écran dans le champ de vision ne constituant pas une aide à la conduite	3	Confiscation de l'appareil
5e	• Excès de vitesse ≥ 50 km/h	6	3 ans + Confiscation
Délit	• Conduite en état alcoolique (≥ 0,40 mg/l d'air expiré)	6	3 ans
Délit	• Conduite après usage de stupéfiants	6	3 ans

- La perte de points est effective au paiement de l'amende forfaitaire, ou à l'émission de l'amende forfaitaire majorée, ou lors de la condamnation par le juge.
- Je peux consulter mon solde de points sur : www.interieur.gouv.fr

EXAMEN DU PERMIS

■ **Plusieurs formations sont possibles :**

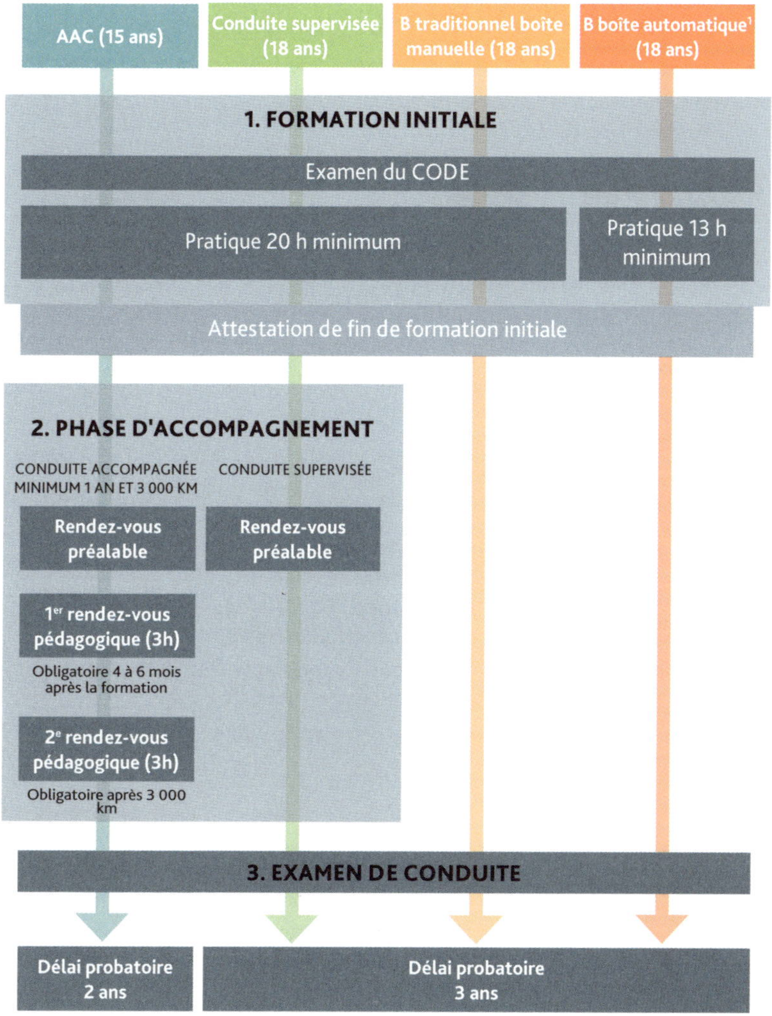

[1] Les titulaires de cette catégorie B limitée aux véhicules à changement de vitesses automatique seront autorisés à conduire un véhicule à changement de vitesses manuel à condition de suivre une formation de 7 heures. Pour pouvoir suivre cette formation, il faut avoir obtenu la catégorie B depuis au moins 3 mois.

Pour l'AAC et la conduite supervisée, l'accompagnateur doit avoir 5 ans de permis sans interruption. En cas de contrôle, il doit présenter son permis de conduire. Il est soumis aux contrôles d'alcoolémie et aux dépistages de drogues.

CATÉGORIES DE PERMIS

DURÉE DE VALIDITÉ DU PERMIS DE CONDUIRE :

- 15 ans pour les catégories A et B (sauf avis médical contraire) : renouvellement administratif.
- 5 ans en cas de possession d'un permis poids lourds (visite médicale).

AM

14 ans

- 2 roues ou 3 roues à moteur :
  - cylindrée $\leq 50\ cm^3$,
  - puissance ≤ 4 kW,
  - vitesse maxi 45 km/h.

14 ans

- Quadricycles légers à moteur

A1

16 ans

- Motocyclettes avec ou sans side-car :
  - cylindrée max : $125\ cm^3$,
  - puissance max : 11 kW (15 cv),
  - rapport Puissance/Poids : ≤ 0,1 kW/kg.
- Tricycles à moteur : puissance max 15 kW.

A2

18 ans

- Motocyclettes avec ou sans side-car :
  - puissance max : 35 kW (47 cv),
  - rapport Puissance/Poids : ≤ 0,2 kW/kg.

La puissance ne peut résulter du bridage d'un véhicule développant plus de 70 kW.

A

20 ans

- Motocyclettes avec ou sans side-car

21 ans

- Tricycles à moteur : puissance > 15 kW (20 cv)

Pour obtenir la catégorie A : obligation d'être titulaire de la catégorie A2 depuis au moins 2 ans et d'avoir suivi une formation de 7 heures.

16 ans

- Quadricycles à moteur (catégorie L7e) :
  - puissance maxi : 15 kW,
  - poids à vide maxi 600 kg (transport de marchandises) et 450 kg (transport de personnes).

18 ans

- Véhicules automobiles :
  PTAC ≤ 3,5 t, 8 passagers max + conducteur.
- Remorques : ≤ 750 kg.
- Option B96 (formation de 7 h) :
  si remorque > 750 kg et somme des PTAC > à 3500 kg et ≤ à 4250 kg.

18 ans

- B + remorque ou semi-remorque dont PTAC > 750 kg et ≤ 3 500 kg, si somme des PTAC > 4 250 kg.

FORMATIONS PASSERELLES 7 HEURES :

- **B78 vers B** : les titulaires, depuis au moins 3 mois, du permis B78 (limité aux véhicules à changement de vitesses automatique) peuvent suivre cette formation dans le but de conduire des véhicules équipés d'une boîte de vitesses manuelle.
- **B vers A1** : les titulaires du permis B depuis au moins 2 ans peuvent suivre cette formation dans le but de conduire des véhicules de la catégorie A1.
- **A2 vers A** : les titulaires du permis A2 depuis au moins 2 ans peuvent suivre cette formation dans le but de conduire des véhicules de la catégorie A.

Conduire un véhicule sans connaître ses particularités et les risques propres à sa conduite met tous les usagers en danger.

LES ENGINS DE DÉPLACEMENT PERSONNEL MOTORISÉS (EDPM)

Rapides, pratiques et accessibles, les nouveaux engins de déplacement personnel motorisés (trottinette électrique, hoverboard, gyroroue...) présentent de nombreux avantages mais sont loin d'être sans danger pour ceux qui les conduisent et ceux qu'ils croisent.

POUR UNE PRATIQUE SANS ENCOMBRE, VOICI LES POINTS À RETENIR :

→ Règles de circulation

- **12 ans** minimum ;
- Vitesse limitée à **25 km/h** ;
- **Respecter** le **code de la route** ;
- **Stationnement** sur les **trottoirs** autorisé seulement si celui-ci **ne gêne pas** la **circulation des piétons** (sauf interdiction par arrêté municipal) ;
- **Interdiction de transporter un passager** ;
- **Port d'écouteurs** ou **casque audio proscrit** ;
- **De nuit ou de jour par visibilité insuffisante**, portez un **vêtement** ou un **équipement rétro-réfléchissant** (gilet ou brassard).

CONSEILS DE PRÉVENTION

- Les trottinettes doublent trop souvent à droite : **faites attention aux autres usagers de la route** (bus, scooter, piétons...) ;
- **Soyez visible** en toutes circonstances (vêtements clairs, équipements rétro réfléchissants) et privilégiez les pantalons et manches longues ;
- Le port d'un **casque** et de **gants** est plus que recommandé ;
- **Restez toujours concentré.**

EN AGGLOMÉRATION

Circulez sur pistes ou bandes cyclables. à défaut, vous êtes autorisé à circuler sur la chaussée, **uniquement** sur les routes dont la vitesse est limitée à **50 km/h maximum** ou sur les aires piétonnes **sans dépasser 6 km/h** et sans gêner la circulation des piétons.

Interdiction de circuler sur les trottoirs (sauf arrêté municipal). Sur un trottoir l'EDPM doit être tenu **à la main**. Il est aussi interdit de circuler sur les autoroutes et voies rapides.

HORS AGGLOMÉRATION

Seule la circulation sur les **voies vertes** ou **pistes cyclables** est autorisée.

Voies limitées à 80 km/h et ouvertes aux EDPM (par décision de l'autorité en charge de la police de la circulation) : **port d'un casque et d'un vêtement rétro-réfléchissant obligatoires, feux de position allumés** de jour comme de nuit.

ÉQUIPEMENT OBLIGATOIRE

(Depuis le 1er juillet 2020)

- **éclairage avant et arrière**
- **avertisseur sonore**
- **dispositifs rétro-réfléchissants** (catadioptres)
- **dispositif de freinage efficace.**

ASSURANCE

« Je n'ai pas besoin de m'assurer lorsque je circule en trottinette électrique. »

FAUX Les **trottinettes électriques** sont des **véhicules terrestres à moteur** au sens du code des assurances. Vous devez donc au minimum souscrire une assurance responsabilité civile au même titre qu'un véhicule à moteur (auto, moto...).

Pour en savoir plus, renseignez-vous auprès de votre conseiller Macif.

VOYAGER EN EUROPE

	Ville	Hors agglo	Autoroute	Alcool	Equipements obligatoires
Allemagne	50	100	130	0,50 g/l 0 g/l (novices et - 21 ans)	triangle, trousse de 1ers secours, gilet
Autriche	50	100	130	0,50 g/l - 0,10 g/l (novices)	triangle, gilet, trousse de 1ers secours
Belgique	50	90	120	0,50 g/l	triangle, gilet, trousse de 1ers secours, extincteur
Bulgarie	50	90	130	0,50 g/l	triangle, gilet, trousse de 1ers secours, extincteur
Chypre	50	80	100	0,50 g/l	2 triangles
Croatie	50	90	130	0,50 g/l - 0 g/l (- de 25 ans)	triangle, gilet, trousse de 1ers secours, boîte d'ampoule
Danemark	50	80	130	0,50 g/l	triangle
Espagne	50	90	120	0,50 g/l - 0,30 g/l (novices)	2 triangles, gilet, boîte d'ampoules
Estonie	50	90	110	0,20 g/l	2 triangles, gilet, trousse de 1ers secours, extincteur
Finlande	50	80	80, 100 ou 120	0,50 g/l	triangle, gilet
France	50	80 90 sur créneaux de dépassement	130	0,50 g/l - 0,20 g/l (novices)	triangle, gilet, éthylotest
Grèce	50	70 ou 90	130	0,50 g/l - 0,20 g/l (novices)	triangle, trousse de 1ers secours, extincteur
Hongrie	50	90	130	0 g/l	triangle, trousse de 1ers secours, gilet
Irlande	50	80 ou 100	120	0,50 g/l - 0,20 g/l (novices)	-
Italie	50	90	130	0,50 g/l 0 g/l (novices et - 21 ans)	triangle, gilet

	Ville	Hors agglo	Autoroute	Alcool	
Lettonie	50	90	110	0,50 g/l - 0,20 g/l (novices)	triangle, gilet, trousse de 1ers secours, extincteur
Lituanie	50	90	110	0,40 g/l - 0,20 g/l (novices)	triangle, gilet, trousse de 1ers secours, extincteur
Luxem-bourg	50	90	130	0,50 g/l - 0,20 g/l (novices)	triangle, gilet
Malte	50	80	80	0,80 g/l	triangle
Pays-Bas	50	80	130	0,50 g/l - 0,20 g/l (novices)	-
Pologne	50	90	130	0,20 g/l	triangle, gilet
Portugal	50	90	120	0,50 g/l	triangle
République Tchèque	50	90	130	0 g/l	triangle, trousse de 1ers secours, boîte d'ampoules, gilet
Roumanie	50	90	130	0 g/l	triangle, gilet, trousse de 1ers secours,extincteur
Royaume-Uni	50	100	110	0,80 g/l	triangle
Slovaquie	50	90	130	0 g/l	triangle, trousse de 1ers secours, gilet
Slovénie	50	90	130	0,50 g/l - 0 g/l (novices)	triangle, gilet
Suède	50	90	110	0,20 g/l	triangle

Ces données sont indiquées à titre d'information et ne sauraient remplacer les textes légaux de chaque pays.

MACIF

Prévention

Avant de partir

N'oubliez pas de vous munir de votre attestation d'assurance, de votre carte verte et d'en vérifier la date de validité.

Enregistrez dans votre téléphone portable le numéro d'appel du service Assistance de votre compagnie d'assurance.

Vérifiez que l'assurance dépannage de votre véhicule est valide à l'étranger : si ce n'est pas le cas, modifiez votre assurance.

Pensez à vous munir d'une carte européenne d'assurance maladie, pour une prise en charge simplifiée de vos éventuels frais de santé.

RÉPONSES AUX TESTS

FAMILLE 1

L DISPOSITIONS LÉGALES EN MATIÈRE DE CIRCULATION ROUTIÈRE

22 BD
24 B
26 A
28 A
30 ABC
32 B
34 AC
36 BD
38 BC
40 AC
42 AC
44 A
46 B
48 AC
50 BD
52 AC
54 A
56 AD
58 BC
60 BD
62 BD
64 B
66 AC
68 B
70 B

72 Auto-tests
1. A
2. B
3. B
4. AB
5. A
6. C
7. BC
8. B
9. C
10. AC

FAMILLE 2

C LE CONDUCTEUR

76 A
78 B
80 B
82 B
84 AB
86 A
88 A
90 C
92 AC
94 C
96 A
98 A
100 AC
102 AC

104 Auto-tests
1. B
2. AB
3. A
4. C
5. BC
6. CD
7. C
8. D
9. AC
10. AD

FAMILLE 3

R LA ROUTE

108 B
110 A
112 BCD
114 AC
116 AC
118 C
120 AC
122 B
124 AC
126 BD
128 AC
130 C
132 AC

134 Auto-tests
1. A
2. B
3. B
4. A
5. A
6. C
7. A
8. B
9. B
10. B

FAMILLE 4

U LES AUTRES USAGERS DE LA ROUTE

138 AC
140 AC
142 B
144 A
146 AC
148 A

150 Auto-tests
1. B
2. B
3. A
4. A
5. A
6. A
7. B
8. B
9. B
10. B

FAMILLE 5

D RÉGLEMENTATION GÉNÉRALE ET DIVERS

154 AC
156 B
158 AC
160 A
162 A
164 A
166 AC

168 Auto-tests
1. B
2. B
3. B
4. B
5. C
6. B
7. AC
8. AB
9. C
10. A

FAMILLE 5

A PORTER SECOURS

172 A
174 AC
176 A
178 A
180 B
182 AC
184 A

186 Auto-tests
1. C
2. AC
3. AC
4. AD
5. B
6. BCD
7. B
8. C
9. B
10. AC

FAMILLE 6

P PRÉCAUTIONS NÉCESSAIRES EN QUITTANT LE VÉHICULE

190 AC
192 AC
194 BD

196 Auto-tests
1. B
2. A
3. A
4. C
5. A
6. A
7. B
8. B
9. B
10. B

FAMILLE 7

M ÉLÉMENTS MÉCANIQUES ET AUTRES ÉLÉMENTS LIÉS À LA SÉCURITÉ

200 A
202 A
204 A
206 B
208 B
210 ABC

212 Auto-tests
1. A
2. B
3. C
4. B
5. AC
6. AB
7. C
8. A
9. B
10. B

FAMILLE 8

S ÉQUIPEMENTS DE SÉCURITÉ DES VÉHICULES

216 B
218 AC
220 B
222 A

224 Auto-tests
1. A
2. B
3. C
4. B
5. AC
6. AB
7. C
8. A
9. B
10. B

FAMILLE 9

E UTILISATION DU VÉHICULE ET RESPECT DE L'ENVIRONNEMENT

228 ABC
230 AC
232 AC

234 Auto-tests
1. A
2. B
3. B
4. AB
5. A
6. C
7. BC
8. B
9. C
10. AC

INDEX

INDEX

NOTES

MICHELIN

PNEU, MODE D'EMPLOI

Le pneumatique

En réalité, un pneu est un produit complexe de haute technologie, mettant en œuvre des techniques et des matériaux très divers.

Il se compose : d'une roue, d'une enveloppe, d'une valve et surtout d'un gaz (air ou azote) sous pression.

L'ensemble de ces constituants s'appelle le pneumatique.

Partie souple de l'ensemble tournant, le pneu constitue le seul point de liaison de la voiture avec le sol, se réduisant à une surface équivalente à celle d'une main.

Très sollicités, les pneus doivent s'adapter à toutes les situations et à tous les types de routes : urbain/non urbain, sol sec/sol mouillé, neige, verglas...

Les fonctions du pneu

- Transmettre : la puissance du moteur à la route
- Amortir : les inégalités de la route
- Porter : la charge de l'ensemble du véhicule
- Rouler : en assurant une bonne adhérence sur sol sec et mouillé
- Répondre : aux exigences de freinage et d'accélération
- Guider : en répercutant les mouvements de la direction
- Durer : en assurant un bon rendement kilométrique

Les éléments du pneu

- **La bande de roulement**, en contact avec le sol, permet d'obtenir l'adhérence et d'évacuer l'eau d'une chaussée mouillée ; elle résiste aux chocs et à l'usure.
- **Les flancs** assurent la continuité entre la bande de roulement et les talons. Ils absorbent les flexions verticales ou latérales, transmettent les ordres de la direction et doivent résister aux agressions extérieures en tout genre.
- **Le talon** ou zone basse, assure la liaison avec la roue.

Comment choisir ? Tout automobiliste sera amené à changer les pneus de son véhicule, le plus souvent à la suite de l'usure normale, lorsque les témoins d'usure apparaissent à la surface de la bande de roulement.

Dans tous les cas, le changement de pneu se réfère aux homologations du constructeur automobile et aux recommandations du fabricant, selon les caractéristiques suivantes :

- marque, modèle, motorisation et année du véhicule ;
- dimensions, indice de capacité de vitesse et indice de capacité de charge du ou des pneumatiques homologués sur le véhicule.

L'automobiliste choisira ses pneumatiques en fonction des conditions d'utilisation de son véhicule :

- **type de conduite :** sportive ou économique ;
- **conditions climatiques :** La gamme Michelin CrossClimate est une gamme de pneumatique 4 saisons avec la certification 3PMSF.

La gamme Crossclimate permet de faire face aux changements climatiques.

- **Hiver doux ou rigoureux :** Pour ne pas avoir à se préoccuper du changement de pneus selon la saison, la gamme MICHELIN CrossClimate toutes saisons est certifié 3PMSF (3 Peak Mountain Snow Flake) pour rouler en toute sérénité toute l'année.

La réglementation enfin s'ajoute aux critères techniques et d'utilisation et impose à l'automobiliste un certain nombre d'obligations concernant le type de pneus utilisables sur les voitures particulières et sur les remorques, ainsi que l'usure maximale admissible.

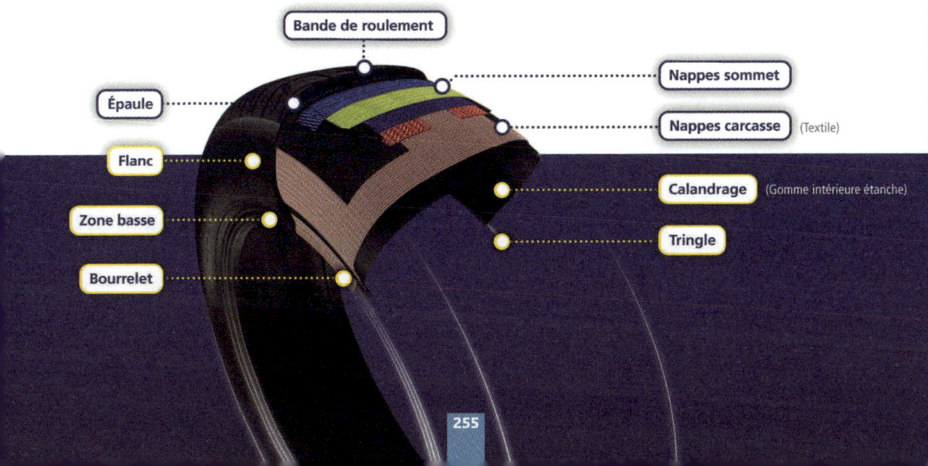

Comment lit-on un pneu ?

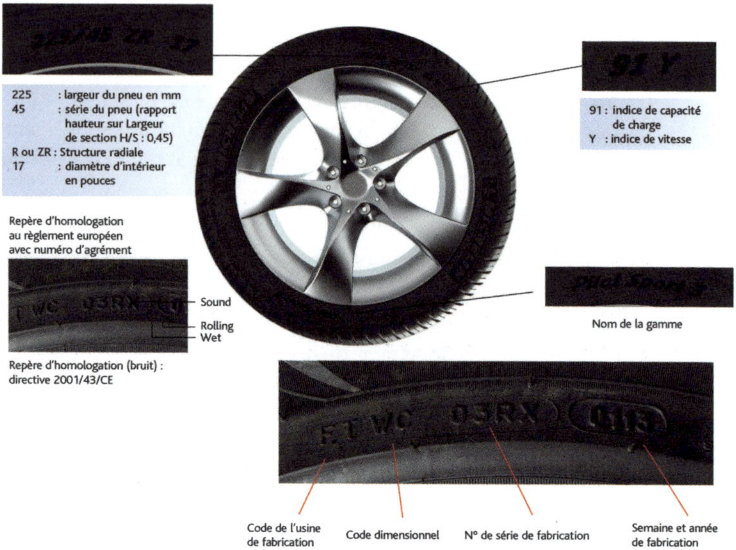

Code de vitesse	Km/h	Code de vitesse	Km/h	Code de vitesse	Km/h
N	140	T	190	Y	300
Q	160	H	210	ZR (Y)	> 300
R	170	V	240	ZR	> 240
S	180	W	270		

Nota Bene : Pour les codes de vitesse V, W et Y (marqués ou non ZR) des restrictions de capacité de charge apparaissent à partir de 210 km/h pour le code V, de 240 km/h pour le code W et de 270km/h pour le code Y.

Capacité de charge maximum et pression correspondante

La capacité de charge maximum ne peut en aucun cas être inférieure à celles indiquées dans l'une des normes (Standards) reconnues : ETRTO, TRA, JATMA... pour cette dimension.

La capacité de charge maximum est identifiée par un indice (voir tableau ci-dessous)

Sur le pneu, le marquage de la capacité de charge maximum est exprimé en kg suivi entre parenthèses par son équivalent en lbs.

ex : Max Load 1250 kg (2756 lbs).

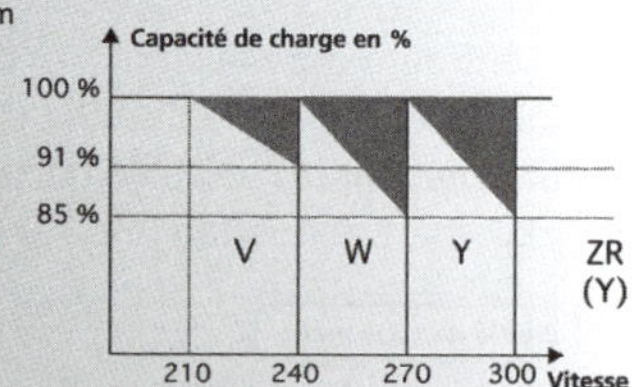

Indice de charge	Charge en Kg par pneu	Indice de charge	Charge en Kg par pneu	Indice de charge	Charge en Kg par pneu
70	335	87	545	104	900
71	345	88	560	105	925
72	355	89	580	106	950
73	365	90	600	107	975
74	375	91	615	108	1000
75	387	92	630	109	1030
76	400	93	650	110	1060
77	412	94	670	111	1090
78	425	95	690	112	1120
79	437	96	710	113	1150
80	450	97	730	114	1180
81	462	98	750	115	1215
82	475	99	775	116	1250
83	487	100	800	117	1285
84	500	101	825	118	1320
85	515	102	850	119	1360
86	530	103	875	120	1400

Résistance au roulement et consommation de carburant

Les pneus, par l'intermédiaire de leur résistance au roulement, représentent entre 20 et 30% de la consommation de carburant d'un véhicule[1]

- En diminuant la résistance au roulement des pneus, on réduit l'impact des forces s'opposant à l'avancement du véhicule et par conséquent la consommation de carburant.
- Le pneu peut en effet participer à la réduction de la consommation de carburant et donc des émissions de CO_2, gaz à effet de serre. **Le pneumatique joue alors un rôle important dans le respect de l'environnement.**
- Ainsi, depuis 1992, année de leur lancement, les pneus à basse consommation de carburant vendus à travers le monde par Michelin ont déjà permis d'économiser 17,6 milliards de litres de carburant et d'éviter l'émission de 44,8 millions de tonnes de CO_2[2].

- Le pneu MICHELIN e.PRIMACY réduit la consommation d'énergie[3-4] grâce à d'excellentes performances en matière de résistance au roulement (-27 % en moyenne par rapport à ses principaux concurrents)[5]. Il contribue ainsi à la transition énergétique.

---

1 - Calculs internes effectués à Ladoux (Centre de Technologie, Clermont-Ferrand – France) : communiqué technique du 27/09/2016, sur « Les matières premières, la consommation de carburant et les émissions de CO2 liées au remplacement précoce des pneus Tourisme ».

2 - Méthode de calcul disponible sur le site http://www.michelin-green-meter.com, chiffres au 15/07/2012.

3 - À l'état neuf, le pneu MICHELIN e.PRIMACY génère 2 kg/t de résistance au roulement de moins que la moyenne de ses concurrents, ce qui équivaut à une réduction de la consommation de carburant allant jusqu'à 0,21 l/100 km pour une VW Golf 7 1.5 TSI, ou à un gain d'autonomie de 7 % pour une VW e.Golf.

4 - La consommation d'énergie fait référence à la consommation de carburant pour les véhicules thermiques et hybrides, et à la consommation d'électricité pour les véhicules électriques.

5 - Tests de résistance au roulement effectués sur machine par Applus Idiada à la demande de Michelin en juin (pneus neufs) et août (rabotés à 2 mm) 2020, en dimension 205/55 R16 91V, comparant le pneu MICHELIN e.PRIMACY (neuf : 5,58 kg/t & usé : 5,13 kg/t) aux pneus MICHELIN PRIMACY 4 (neuf : 7,74 kg/t & usé : 6,25 kg/t) ; BRIDGESTONE TURANZA T005 (neuf : 7,17 kg/t & usé : 5,81 kg/t) ; CONTINENTAL ECOCONTACT 6 (neuf : 6,39 kg/t & usé : 5,49 kg/t) ; CONTINENTAL PREMIUM CONTACT 6 (neuf : 8,93 kg/t & usé : 6,94 kg/t) ; DUNLOP BLURESPONSE (neuf : 7,97 kg/t & usé : 5,54 kg/t) ; GOODYEAR EFFICIENT GRIP 2 (neuf : 7,01 kg/t & usé : 5,38 kg/t) ; PIRELLI CINTURATO P7 BLUE (neuf : 6,96 kg/t & usé : 6,30 kg/t) ; PIRELLI CINTURATO P7 (neuf : 8,79 kg/t & usé : 6,97 kg/t). La conduite éco-responsable dépend notamment des habitudes de conduite, du véhicule ou de la pression des pneus.

LÉGISLATION DU CODE DE LA ROUTE, CONTRÔLE TECHNIQUE, ÉTIQUETAGE

Législation en matière de choix de pneumatiques en France

Référence des textes réglementaires relatifs aux pneumatiques : Arrêté français du 18/07/2019, article 3 ; Règlement UE N° 458/2011 – Annexe II ; Règlements UN N° 30 (pneus neufs Tourisme), N° 54 (pneus neufs Camionnette); Instruction du contrôle technique IT VL F5.

Catégorie de pneus concernés : Pneus Tourisme, 4×4, camionnettes, camping-cars et caravanes & remorques (y compris Hiver).

Principales dispositions

Montage de pneus de type différents :

- Sur un même véhicule : Il est interdit de monter des pneumatiques de structure différente : Diagonale (D), ceinture croisé (B), Radial (R), Roulage à plat (RF).
- Sur un même essieu (AV et AR) : Il est interdit de monter des pneus de « types » différents (autrement dit portant des numéros d'homologation « E » différents), sauf utilisation roue de secours temporaire.

Remarques :
Bien que la sculpture du pneumatique ne soit pas un élément du type et que 2 pneus de sculpture différente puissent avoir le même numéro d'homologation, la profession recommande de monter des pneus strictement identiques pour un comportement optimal du véhicule.

Définition du type

- fabricant
- désignation dimensionnelle (exemple : 205/55 R 16)
- catégorie d'utilisation (ex : route, neige, spécial)
- structure (radiale «R» / diagonale «D» / ceinturée croisée «B» / roulage à plat « RF »)
- symbole de catégorie de vitesse
- indice(s) de capacité de charge
- numéro d'homologation

Dimensions conformes aux homologations constructeurs et/ou aux préconisations des manufacturiers

- Les indications portées sur les flancs doivent être conformes aux dimensions prévues lors de la réception du véhicule.
- Les codes de vitesse et indices de charge ne peuvent être inférieurs à ceux prévus par le constructeur. (voir exception dans remarques ci-dessous).
- Des dimensions de pneumatiques différentes des équipements d'origine peuvent être admises sous réserve de correspondre aux préconisations du manufacturier de pneumatiques (telles que définies par exemple dans les tableaux de correspondances).
- S'assurer de la compatibilité du pneu et de la roue (y compris largeur et déport).

Remarques :
Il est possible de monter des pneumatiques de codes de vitesse ou d'indices de charge supérieurs à ceux prévus par le constructeur (à condition de monter des pneus identiques sur un même essieu).
Concernant le code de vitesse, il est autorisé de monter des pneus « hiver » portant le pictogramme 3PMSF (représentant une montagne à trois pics et un flocon) d'indice de vitesse inférieur à celui prévu par le constructeur à condition que leur code de vitesse soit au moins égale à Q et qu'une étiquette de mise en garde indiquant la vitesse maximale des pneus montés sur le véhicule soit apposée à l'intérieur du véhicule et à la vue du conducteur.

Usure des pneus - Arrêté français du 18/07/2019, article 5

Les pneumatiques destinés aux véhicules des catégories M1, N1, O1 et O2 doivent présenter, pendant toute leur utilisation sur route, dans les rainures principales de leur bande de roulement, une profondeur d'au moins 1,6 mm.Les pneumatiques destinés aux voitures particulières et à leurs remorques doivent être équipés d'indicateurs d'usure répondant aux prescriptions du point 6.3.3.3 du règlement n° 30 et du point 6.6.11.3 du règlement n° 108 susvisés et permettant de signaler que les rainures de la bande de roulement n'ont plus qu'une profondeur de 1,6 mm, avec une tolérance de + 0,6/- 0 mm.La différence entre la profondeur des rainures principales de deux pneumatiques montés sur un même essieu ne doit pas dépasser 5 mm.

Contrôle technique vu du pneu

Depuis le 1er octobre 1993, les pneumatiques sont inclus dans les éléments du contrôle technique. Attention ! Depuis mai 2018, les modalités de prescription des contre-visites ont évolué.

Simple observation sur le procès-verbal

Un pneumatique doit être monté sur la jante qui lui est adaptée, sans chambre à air s'il s'agit d'un *Tubeless*. Le sens de rotation doit être respecté. Les points de contrôle concernant directement le pneumatique sont :

1. **Contact avec anti-projection (bavette ou passage de roue).**
2. **Usure anormale.**
3. **Pression trop basse ou trop élevée.**
4. **Témoin de la pression allumé.**

Contre-visite - Défaillance majeure ou critique

5. **Usure importante et/ou différence importante d'usure sur l'essieu.**
- Une usure au moins en 1 point mesuré de la bande de roulement qui est inférieure à 1,6 mm (usure, plat).
- Une usure sur la bande de roulement ou le flanc laissant entrevoir des câbles.
- Un pneumatique recreusé.
- Une différence supérieure à 5 mm entre la profondeur des rainures principales de 2 pneumatiques montés sur un même essieu (y compris les roues d'un même côté d'un essieu à roues jumelées).

6. **Marquages illisibles des dimensions et/ou de la structure ou absence d'indicateur d'usure.**
7. **Dimensions inadaptées.**
- Dimensions non conformes avec les données constructeurs ou non compatibles avec les règles de transformations.
- Dimensions de pneumatiques différentes sur un même essieu.
- Indice de charge inférieur aux données constructeurs (ou à la charge maximale admissible par l'essieu) : en effet, l'indice de charge doit être supérieur ou égal.
- Absence ou illisibilité du marquage de l'indice de charge.

Simple observation sur le procès-verbal

8. **Indices de charge ou de vitesse inadaptés.**
- Indice de vitesse inférieur aux données constructeurs (ou vitesse maximale du véhicule), exception faite pour les pneus hiver si toutefois une étiquette de rappel est apposée à l'intérieur du véhicule à un endroit aisément visible par le constructeur.
- Absence ou illisibilité du marquage de l'indice de vitesse.
- Indice de charge : a minima celui prévu par le constructeur.

9. **Pression anormale.**
- Non détection de sous-gonflage.

10. **Structures et/ou catégories d'utilisation différentes sur un même essieu.**

On ne peut trouver sur un même essieu :
- des pneumatiques de catégories différentes (normal/hiver...).
- des pneumatiques de structures différentes (Radial/diagonal, RF/normal...).

11. L'indice de charge ou l'indice de vitesse sont insuffisants par rapport à la charge maximale admissible pour l'essieu ou à la vitesse maximale du véhicule.

Étiquetage des pneumatiques

Depuis 2012, la commission européenne a mis en place l'étiquetage des pneumatiques afin de vous aider à faire le meilleur choix. Ainsi, tous vos pneus pour véhicules de tourisme, SUV ou utilitaires doivent avoir un étiquetage fournissant des informations claires sur les performances du pneu.

Depuis le 1er Mai 2021, l'étiquetage européen a été renforcé. Ces changements ont été principalement encouragés par la politique sur le climat et l'énergie de l'Union Européenne, afin de réduire les émissions de gaz à effet de serre.

COMMENT LIRE CETTE NOUVELLE ÉTIQUETTE ?

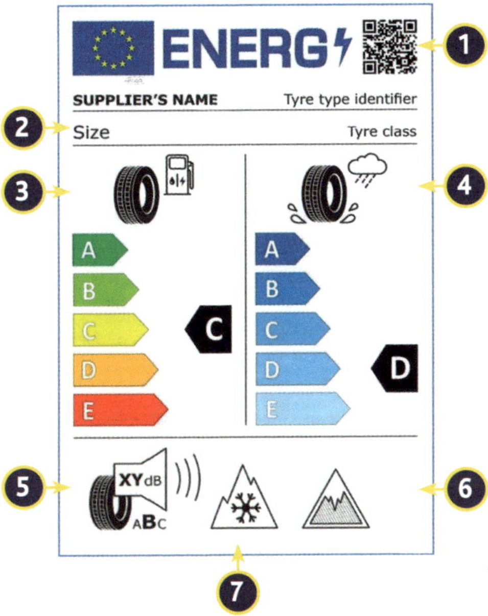

1 **Un QR code**
Scannez ce code pour télécharger plus d'informations sur le pneu. Ce code est relié à une base de données européenne (EPREL) fournissant toutes les informations relatives à l'étiquetage du pneu, ainsi qu'à la fiche d'information sur le produit.

2 **Nom du manufacturier et dimension du pneu.**

3 **Efficacité en carburant** notée de A (le plus efficace) à E (le moins efficace).

4 **Adhérence sur sol mouillé notée** de A (le plus efficace) à E (le moins efficace).

5 **Bruit de roulement externe** mesuré en décibel (dB) désormais classé en 3 niveaux de bruit (A-B-C).

6 **Pictogramme «Adhérence sur verglas» :** indication pour un usage lors de fortes chutes de neige.

7 **Pictogramme 3 Peaks Mountain Snow Flake (3PMSF) :** indication pour un usage sur sol verglacé.

Ces valeurs sont indiquées à titre d'exemple.

LES CONSEILS D'UTILISATION

- Les pneus sont composés de différentes sortes de matériaux et mélanges de caoutchouc, ayant des propriétés qui confèrent au pneu des performances essentielles à son bon fonctionnement.

Ces propriétés des composants évoluent avec le temps.

Pour chaque pneu, cette évolution dépend de nombreux éléments tels que les conditions climatiques, les conditions de stockage, les conditions d'utilisation (charge, vitesse, pression de gonflage, entretien, etc.) auxquelles le pneu est soumis durant sa vie.

Ces évolutions liées à l'utilisation du pneu sont très variables, si bien qu'il est impossible de prédire précisément la durée d'utilisation d'un pneu donné. C'est pourquoi, après 5 ans d'utilisation, nous préconisons une inspection annuelle des pneumatiques (y compris ceux équipant les roues de secours, les remorques, les caravanes) par un professionnel et recommandons le remplacement des pneus ayant 10 ans et plus, même si ces pneus paraissent aptes à l'utilisation et même s'ils n'ont pas atteint la limite d'usure légale.

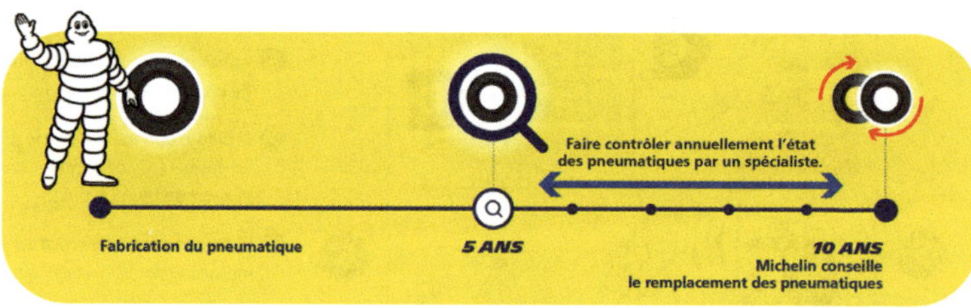

- En cas de perte de pression inhabituelle, faire vérifier l'état externe et interne du pneumatique ainsi que l'état de la roue et de la valve.
- Vérification de l'usure du pneumatique (remplacement si le niveau d'usure légale est atteint), et consultation d'un professionnel du pneumatique en cas de phénomène d'usure anormale ou écart d'usure entre deux pneumatiques d'un même essieu.

Parallélisme
Contrôler et régler la géométrie

Usure croissante avec bavures transversales

Géométrie ou suspension
Contrôler et régler la géométrie
Contrôler la suspension

Usure bizarre

Surgonflage
Vérifier et réajuster les pressions

Usure centre

Sous-gonflage
Vérifier et réajuster les pressions

Usure ronde

PRESSION, USURE, HIVER

Pression

Toute perforation, coupure, déformation visible doit faire l'objet d'un examen approfondi par un professionnel du pneumatique.

Ne pas utiliser un pneumatique endommagé ou ayant roulé à plat sans intervention d'un professionnel.

Toute réparation doit être effectuée par un professionnel du pneumatique.

Toute manifestation anormale telle que vibration, bruit, tirage doit faire l'objet d'une vérification dans les meilleurs délais par vous-même et par un professionnel du pneumatique.

Le gonflage

Une bonne pression est un facteur de sécurité et de longévité du pneumatique.

Elle contribue aussi à diminuer la résistance au roulement et, par voie de conséquence, la consommation.

Contrôler régulièrement cette pression est donc une précaution indispensable au bon fonctionnement du pneu.

Les principaux points à respecter

- Les pressions préconisées par le constructeur doivent être impérativement respectées.
- La pression doit être vérifiée de préférence à froid. Toutefois, si on est amené à réaliser ce contrôle à chaud, la pression du pneu doit alors être celle préconisée par le constructeur ou le manufacturier, majorée de 0,3 bar. Si la pression mesurée est inférieure à cette valeur, il est alors nécessaire de la réajuster. En revanche, il ne faut jamais dégonfler ses pneus à chaud.
- La présence du bouchon de valve est indispensable car il est un élément important d'étanchéité. Après chaque vérification de pression, il faut s'assurer du bon état des bouchons de valve et les repositionner correctement.
- N'oubliez pas de vérifier également la pression de la roue de secours (la surgonfler de 0,3 bar par rapport à la pression préconisée, puis ajuster sa pression d'utilisation dès que possible après sa mise en service).
- Le gonflage à l'azote ne dispense pas de la vérification fréquente de la pression des pneumatiques.

Pour le véhicule tracté (caravane ou remorque)

En l'absence du conseil pression donné par le constructeur, gonfler à 3 bars à froid.

Pression correcte*

Sécurité
Longévité kilométrique
Consommation de carburant optimale

- 0,5 bar

Durée de vie des pneus : Jusqu'à 8 000 km en moins (- 20 %)

- 1 bar

Même regonflé, un pneu ayant fonctionné sous gonflé peut éclater !

- 1,5 bar

Risque d'éclatement !

> Consommation de carburant : + 1 plein par an

> Tenue de route altéré

> Distance de freinage sur sol mouillé : + 11 m, soit plus de 2 passages piéton !

- 2 bar

*Pression correcte = pression préconisée par le constructeur du véhicule ou le manufacturier en fontion des usages. En cas de doute consulter nos services commerciaux.

Comment détecter l'usure ?

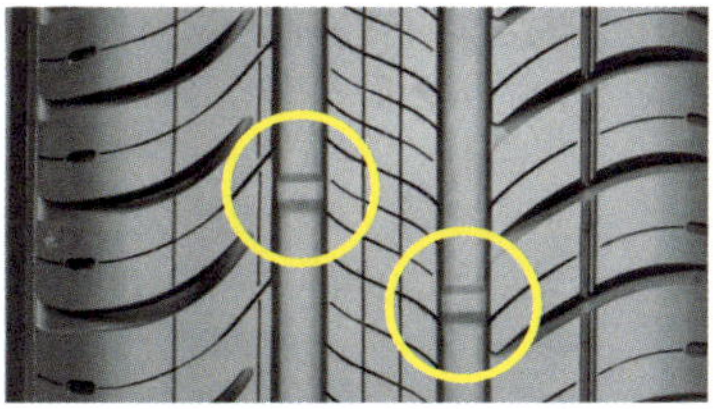

La profondeur minimale des sculptures est fixée par la loi à 1,6 mm.

Les manufacturiers ont muni les pneus d'indicateurs d'usure : ce sont de petits pains de gomme moulés au fond des sculptures et d'une hauteur de 1,6 mm.

Au-dessous de cette valeur, les pneus sont considérés comme « lisses », donc dangereux sur chaussée mouillée.

Pneu neuf

Pneu usé

On constate la perte de surface de contact (zone noire) due à l'usure

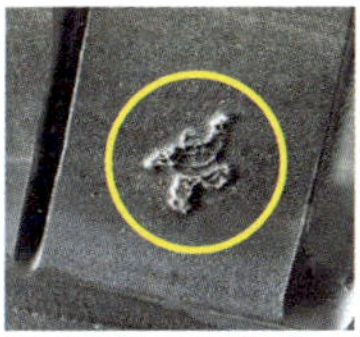

Lorsque la bande de roulement atteint ce niveau d'usure, ces témoins deviennent tangents à la surface de la bande de roulement. Il faut alors changer ses pneus.

Des repères sur les épaulements de la bande de roulement permettent de vérifier l'usure facilement.

Michelin signale l'emplacement des indicateurs d'usure par un petit Bibendum sur l'épaule du pneu.

Une surveillance attentive de l'usure des pneumatiques est primordiale pour la sécurité.

Vérifiez également si l'usure est régulière d'un bord à l'autre du pneu.

Une usure anormale peut provenir d'un mauvais état ou d'un mauvais réglage des organes mécaniques du véhicule.

Facteurs qui influent sur le rendement kilométrique des pneus

Les perfectionnements apportés aux pneumatiques depuis les origines se sont essentiellement traduits, pour l'utilisateur, par une augmentation spectaculaire du kilométrage potentiel.

Vers 1906, un pneu pouvait au maximum parcourir 3 000 km. À présent, certains pneus radiaux peuvent accomplir 60 000 km ou plus avant d'être usés.

Hors effet pneu, la longévité kilométrique dépend des conditions de roulage dont les principaux facteurs sont :

✔ STYLE DE CONDUITE

Très sportive ⟵ Usure : 1 à 8 ⟶ Hyper cool

PROFIL ROUTIER

Très sinueux ⟵ U : 1 à 5 ⟶ Autoroute

REVÊTEMENT

Rugueux ⟵ U : 1 à 2 ⟶ Lisse

VÉHICULE

Poids/puissance/couple/liaison au sol...

⟵ U : 1 à 2 ⟶

✔ PRESSION

– 20 % de pression = – 20 % de rendement

CHARGE

+ 20 % de charge = – 20 % de rendement

✔ Facteurs maîtrisables par l'usager

Exemple : un usage strictement autoroutier sera 5 fois moins usant qu'un usage sur route très sinueuse.

POURQUOI S'ÉQUIPER DE PNEUS HIVER ?

Pour un pneu, l'hiver commence à 7 °C.

En effet, en dessous de cette température, la gomme d'un pneu été durcit et perd de son efficacité.

Marquages hiver

- **3 PMSF (*3 Peaks Mountain Snow Flake*)**
  Les pneumatiques ayant ce marquage sont prévus pour des conditions de route enneigée et offrent des performances confirmées par le biais de tests.[1]

- **M + S (*Mud and Snow*)**
  Marquage indiquant que le pneumatique est, selon la réglementation européenne, un pneumatique « neige », mais les performances en condition hivernale ne font pas l'objet de tests.

Cas spécifique des indices de vitesse pour les pneumatiques 3PMSF1

Pour les pneumatiques certifiés hiver 3PMSF, la capacité de vitesse peut être, licitement, inférieure à celle des pneumatiques d'origine, mais la vitesse de roulage doit être alors adaptée à cette limite inférieure.

Une étiquette de rappel de cette vitesse inférieure sera alors apposée à l'intérieur du véhicule à un endroit aisément visible par le conducteur.

Un pneu qui ne dispose que du marquage M+S ne peut plus réduire son indice de vitesse. Cette mesure est applicable depuis le 1er janvier 2020.

Seules deux gammes MICHELIN sont concernées : MICHELIN Latitude Cross (usage 4x4: 65% route / 35% chemin) et MICHELIN Agilis Camping (pneu dédié camping car).

Arrivée de la loi Montagne

Depuis le 1er Novembre 2021, la Loi Montagne rend obligatoires l'usage d'équipements spéciaux dans certaines zones de montagnes sur décisions préfectorales, en période hivernale : **du 1er novembre au 31 mars de l'année suivante.**

Dans les zones concernées, deux solutions existent :

Être équipé de pneus hiver ou 4 saisons (homologués 3PMSF) sur les 4 roues.

Détenir au moins une paire de **chaînes ou chaussettes** afin d'équiper au moins les deux roues motrices.

Afin de ne pas être bloqué sur les routes et de bénéficier d'une sécurité et d'une mobilité optimales, Michelin vous accompagne avec ses gammes Toutes Saisons MICHELIN CrossClimate et Hiver MICHELIN Alpin, toutes deux **certifiées 3PMSF.**

DU TERRAIN À LA CARTE

La carte a pour objet de reproduire la réalité du terrain et d'en identifier les éléments par une représentation adaptée selon les besoins : carte routière, plan de ville, carte topographique, thématique...
Il existe donc autant de types de cartes que de familles d'utilisateurs. La carte aide aux déplacements, elle doit être précise et lisible.

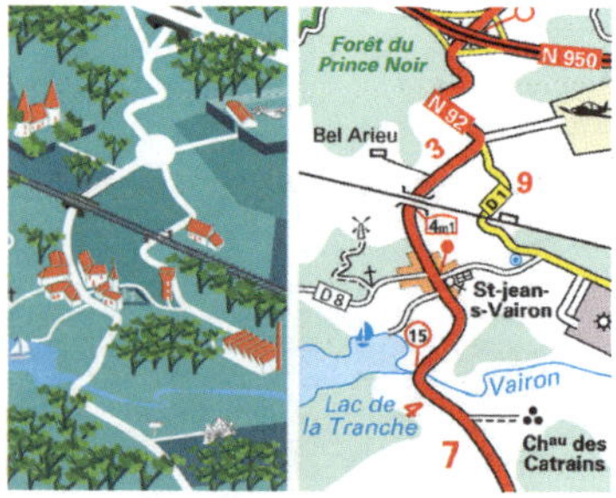

POUR CELA, QUELQUES PRINCIPES SIMPLES

- **L'échelle** : le taux mathématique de réduction, qui représente le rapport entre les dimensions de la carte et celles du terrain représenté ;

1/1 000 000e
1 cm = 10 km

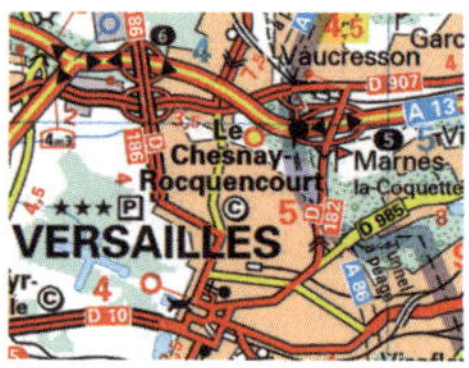

1/200 000e
1 cm = 2 km

1/53 000e
1 cm = 530 m

- **la légende** : c'est la clé de la carte, qui synthétise son contenu et facilite la lecture ;
- **la sélection stricte des éléments du terrain** en fonction du type de carte, permettant la mise en valeur des informations conservées, tout en maintenant la facilité de lecture ;
- **les données informatives ajoutées**, facilitant la lecture mais n'existant pas sur le terrain : courbes de niveau, dates de travaux sur une carte routière... ;
- **la mise à jour régulière des données et éléments**, selon l'évolution du terrain, de l'environnement, de la société, assurant la qualité de son service.

QUE TROUVE-T-ON DANS LA LÉGENDE ?

- **Les types de route,** de l'autoroute au chemin d'exploitation ;
- **leur classification Michelin et largeur,** donc le mode de conduite qu'elles induisent :
  - la route rouge ou prioritaire, classée à grande circulation, est généralement rapide ;
  - la route jaune ou secondaire, classée liaison régionale, permet d'éviter les axes encombrés et garantit une circulation fluide à vitesse moyenne ;
- **les distances kilométriques ;**
- **les obstacles à la conduite :** pentes, limites de charge ou de hauteur... ;
- **les repères utiles et visibles :** château d'eau, voie ferrée, monument isolé... ;
- **les curiosités et sites remarquables** sélectionnés par MICHELIN.

- Point de vue
- Édifice religieux
- Château
- Ruines
- Grotte
- Golf
- Parc d'attractions
- Phare
- Autres sites

LIRE LA CARTE

- **Pour préparer son itinéraire :** connaître d'avance la route que l'on va suivre en écartant l'imprévu et le risque ;
- **pour se situer :** se situer à tout endroit, à tout moment, en s'assurant une conduite plus détendue et plus sûre ;
- **pour visiter :** repérer les sites intéressants et les villes étapes en organisant son voyage.

⚠ **La carte routière se consulte avant le départ ou à l'arrêt** (aire de stationnement, bas-côté), jamais en conduisant !

Notez bien que l'erreur de parcours engendre souvent :
- des kilomètres inutiles (donc des frais supplémentaires et du temps perdu) ;
- des fautes de conduite (excès de vitesse, recul en zone interdite...)

Utiliser une carte routière, c'est renforcer sa sécurité... à moindre coût !

MICHELIN Éditions
Société par actions Simplifiée au capital de 487 500 €
57 rue Gaston Tessier – 75019 Paris (France)
R.C.S. Paris 882 639 354

Dépôt légal : juin 2023
Achevé d'imprimer en avril 2023
sur les presses de l'imprimerie OFFSET 5 en France.